# PHILOSOPHIE DES PSYCHISCHEN

Vom Abriss der Psychoanalyse zur Zukunft einer Illusion

von

**PD Dr. Harun Pačić**

Harun Pačić

# PHILOSOPHIE DES PSYCHISCHEN

Vom Abriss der Psychoanalyse zur Zukunft einer Illusion

Bibliografische Information der Deutschen Nationalbibliothek:
Die Deutsche Nationalbibliothek verzeichnet diese Publikation
in der Deutschen Nationalbibliografie; detaillierte bibliografische Daten sind im Internet über http://dnb.dnb.de abrufbar.

Herstellung und Verlag: BoD – Books on Demand, Norderstedt

ISBN: 978-3-7519-3359-9

# Inhaltsverzeichnis.

## VORWORT

Der *Abriss der Psychoanalyse* ist eine dogmatische Darstellung der Lehrsätze von Sigmund Freud;[1] ich habe sie zur Grundlage, *nicht* zum Rahmen, für einen *Impuls*vortrag gemacht.[2]

Um die Psychoanalyse gebührlich zu *um*reißen, habe ich die Impulse mit Bezug zu zahlreichen Werken von Sigmund Freud ausführlich erläutert.[3]

Hernach habe ich die Erläuterung zu einem Kommentar ausgebaut, der *anhand* der Psychoanalyse eine Philosophie des Psychischen entfaltet.[4]

---

[1] Diese kleine Schrift ist in der Internationalen Zeitschrift für Psychoanalyse und Imago, Bd. 25 (1940), Heft 1, S. 8 bis 67, erst nach Freuds Ableben (1939) veröffentlicht worden.

S. Freud wollte darin in gedrängter Form und entschiedener Fassung die Lehrsätze *der* Psychoanalyse *gleichsam* dogmatisch zusammenstellen, *ohne* Glauben zu fordern; dies geht aus seinem Vorwort hervor.

*Some Elementary Lessons in Psycho-Analysis* aus der zweiten Hälfte des Jahres 1938 ist der Beginn einer *Alternativ*fassung, die *auch* den *Weg* zu den Aufstellungen der Psychoanalyse nachzeichnet (*genetische* Methode).

[2] Das Manuskript zum Abriss der Psychoanalyse von S. Freud endet mit einer Reihe von Gedankenstrichen, die uns daran erinnern, dass die Psychoanalyse als Lehrgebäude *unfertig* ist; *wir* sind aufgerufen, sie *durch*zudenken, kritisch zu *über*denken und *weiter*zudenken. Vgl. H.-M. Lohmann im Nachwort zu: S. Freud, *Abriss der Psychoanalyse*, Reclam, Stuttgart (2010, Nachdruck 2013), S. 109 und 118.

[3] Anna Freud hat mit E. Bibring, W. Hoffer, E. Kris und O. Isakower bei Imago Publishing Co., Ltd., in London, *Gesammelte Werke* (GW) von S. Freud, auf die ich verweise, herausgegeben. Schriften aus dem Nachlass sind in Band 17 zu finden, Erstdruck 1941; der *Abriss* ist auf den Seiten 63 bis 138 abgedruckt.

[4] Philosophie ist Wissenschaft*lichkeit*, soweit diese zur Klärung der Gedanken anhält: zur Ordnung der Begriffe, Sprachkritik; sie ist geistige Aufräumarbeit. Vgl. L. Wittgenstein, *Logisch-philosophische Abhandlung* (1918), Suhrkamp, 34. Aufl., Frankfurt am Main (2013); seine *Philosophischen Untersuchungen*, hrsg. von J. Schulte, Suhrkamp, 7. Auflage, Frankfurt am Main (2003); sowie die *Vorlesungen und Gespräche über Ästhetik, Psychoanalyse und religiösen Glauben*, hrsg. von Barett, übers. von R. Funke, 3. Auflage, Fischer, Frankfurt am Main (2005).

Hinzugefügt habe ich ein Kapitel in Anlehnung an: *Die Zukunft einer Illusion*, von Sigmund Freud.[5]

Aus dem anfänglichen Referat habe ich am Ende eine *Vorlesung* gemacht; dieses Buch versteht sich als *Nachlese*.[6]

Wien, im April 2020                                        Harun Pačić

---

[5] Freud, *Die Zukunft einer Illusion*, Internationaler Psychoanalytischer Verlag, Leipzig/Wien/Zürich (1927); Bd. 14 der GW, Nachdruck 1955, S. 323 bis 380.
[6] Zur Einführung vgl. J. Heise, *Sigmund Freud*, Reclam, Stuttgart (2010, 2019); D. Pick, *Psychoanalyse*, aus dem Englischen von: B. Pohl, Turia + Kant, Wien (2019); P. Schuster und M. Springer-Kremser, *Bausteine der Psychoanalyse, Einführung in die Tiefenpsychologie*, Vorlesungen, in 4. Aufl. im WUV, Wien (1997); S. Freud, *Zur Geschichte der psychoanalytischen Bewegung*, Bd. 10 der GW, (Nachdruck 1949,) S. 43 bis 113.

## I. Teil

### DIE NATUR DES PSYCHISCHEN

Die Psycho*analyse* gründet im Begriff des Psychischen; darauf, *wie* wir darüber reden.[7]

---

[7] S. Freud eröffnete den *Abriss der Psychoanalyse* mit einem Hinweis auf ihre diskutable *Grund*voraussetzung. Damit meinte er, wie er in *Das Ich und das Es* sagte, die Scheidung des Psychischen in Bewusstes und *Un*bewusstes; Bd. 13 der GW, S. 235 bis 289.

Das Unbewusste setzte Freud nach der Analyse von *Gesprächen* voraus; *so* gesehen setzt die Psychoanalyse am Sprachgebrauch an: sie *fragt* nach dem Psychischen, danach, was wir unsere Psyche *nennen*; was uns bekannt oder unbekannt ist, um Lücken in den Erfahrungsberichten durch Annahmen auszufüllen, deren Rechtfertigung in ihren Resultaten liegt. Der *Abriss* gibt zu Beginn, vor allem aber in seinem vierten Kapitel Aufschluss darüber.

Mittlerweile ist das *Fach*vokabular der Psychoanalyse in den *allgemeinen* Sprachgebrauch eingegangen; in beträchtlichem Maße, *so*dass wir nunmehr selbstverständlich vom Unbewussten reden. Vgl. J. Laplanche/J.-B. Pontalis, *Das Vokabular der Psychoanalyse*, Suhrkamp, Frankfurt am Main (1973, 20. Auflage im Jahr 2016).

Ein *Kurzer Abriß der Psychoanalyse*, der im 13. Bd. der GW (im Jahr 1967 im S. Fischer Verlag in 5. Auflage) auf den S. 403 bis 427 abgedruckt ist, gibt als ihr ursprüngliches Ziel an, bloß etwas von der Natur der sog. funktionellen Nervenkrankheiten zu verstehen, um die bisherige ärztliche Ohnmacht in der Behandlung derselben zu überwinden.

Mit Josef Breuer veröffentlichte Freud im Jahr 1895 *Studien über Hysterie*; Bd. 1 der GW, S. 75 bis 312. Hypnose gestattete eine adäquate (emotionale) Abfuhr pathogener Affekte bei (Abwehr-)Hysterie, denn sie erlaubte es dem/der Patienten/Patientin sich an das vergessene (verdrängte) Ereignis, woran sie anknüpften, zu erinnern, es wieder zu erleben und *ab*zureagieren. Vgl. S. Freud, *Ein Fall von hypnotischer Heilung*, und: *Die Abwehr-Neuropsychosen*, Bd. 1. Der GW, S. 1 bis 17 bzw. S. 57 bis 74.

S. Freud erkannte dabei, dass die *Sprache* dem Menschen dazu verhilft, den eingeklemmten Affekt ersatzweise abzureagieren; das Reden kann auch selbst ein *adäquater* Reflex sein, als Klage oder Aussprache (Beichte), sodass es einen *kathartischen* (bereinigenden) Effekt hat.

Die Hypnose (und die Suggestion) hat S. Freud (bald schon) ersetzt durch das Verfahren der *freien Assoziationen*, das sich als effektiv (aufschlussreich) erwiesen hat. Vgl. *Die Freudsche psychoanalytische Methode*, Bd. 5 der GW, in 4. Aufl. im S. Fischer Verlag (1968), S. 3 bis 10.

Der Inbegriff des Psychischen *ist* die Psyche; ihre Natur (ihr Wesen) ist *tief*gründig.[8]

## 1. Kapitel

### DER PSYCHISCHE APPARAT

Was wir unsere Psyche: Seelenleben nennen, das ist uns allein vom Körper, wor*an* sie sich abzeichnet, und vom Geist, wor*in* es sich *zeigt*, her bekannt; was dazwischen ist, das ist mithin *un*bekannt.[9]

---

[8] Die Psychoanalyse ist, wie aus *Some Elementary Lessons in Psycho-Analysis* (Bd. 17 der GW, S. 139 bis 147) hervorgeht, eine sog. *Tiefen*psychologie, die *unter* (hinter) das Bewusstsein schaut.

Als *Natur* des Psychischen wird dort ihr *Wesen* bezeichnet: *alles* das, was psychische Vorgänge gemeinsam haben. Die Natur der Sache ist das, was sie denknotwendig aufweisen muss, doch ist *das* der Art und Weise geschuldet, *wie* wir von ihr reden. Vgl. H. Pačić, Logik, Ethik, Mystik, Wien (2019), S. 13.

Freud suchte das Seelenleben von den Gesichtspunkten der *Dynamik*, der *Ökonomik* und der *Topik* zu ergründen; *Psycho-Analysis*, Bd. 14 der GW, (im Nachdruck 1955,) S. 297 bus 307.

Etwa ein Jahrzehnt lang, so wird im *Kurzen Abriß* berichtet, kümmerte sich niemand um Freuds Arbeiten. Erst um das Jahr 1907 lenkten E. Bleuler und C. G. Jung die Aufmerksamkeit auf die Psychoanalyse, doch machte sich bald, besonders in Deutschland, Entrüstung über ihre Erkenntnisse breit; erst nach und nach fand sie breitere Anerkennung, fand weltweite Verbreitung und Anwendung in den Breiten der *Geistes*wissenschaften.

[9] S. Freud sprach im *Abriss* davon, dass uns von dem, was wir unsere Psyche oder unser Seelenleben nennen, zweierlei bekannt sei, erstens (einerseits) das körperliche Organ und Schauplatz desselben, das Gehirn, Nervensystem, zweitens (andererseits) unsere Bewusstseinsakte, die unmittelbar gegeben seien und uns durch keinerlei Beschreibung nähergebracht werden könnten.

Während *wir* das Gefühlsleben innerlich wahrnehmen (Affektivität) und äußerlich ausdrücken (Ausdrucksverhalten), drück *sich* das Lebensgefühl *mit* der Bewusstheit aus, die nicht wahrnehmbar ist, weil *sie* die Bedingung aller (Lebens-)Erfahrung ist; wir *sprechen* von Körper (Leib) *und* Geist (Seele). Die Psyche ist *nicht* die Seele, sondern Seelenleben, das körperlich: physisch, und geistig: *meta*physisch bedingt ist.

Zur Philosophie des Geistes vgl. W. Detel, *Philosophie des Geistes und der Sprache*, in 2. Aufl. bei Reclam, Stuttgart (2007/08, Nachdruck 2011). Zum Ausdruckverhalten vgl. Freud, *Psychische Behandlung (Seelenbehandlung)*,

Unsere beiden Grundannahmen setzen an diesen Enden oder Anfängen unseres Wissens an.[10]

Zuerst nehmen wir an, dass das Seelenleben die Funktion *des* biotischen Apparates ist, der die psychische Grundordnung des Menschen veranschaulicht.[11]

Sie weist drei Instanzen auf.[12]

Bd. 5 der GW, S. 287 bis 315. Zur Seele vgl. *Wittgenstein über die Seele*, hrsg. von E. Savigny/O. R. Scholz, in 3. Aufl. bei Suhrkamp, Frankfurt/Main (2016).

[10] Gewissheit, das ist: soweit zu sehen spricht alles dafür und nichts dagegen. Vgl. L. Wittgenstein, *Über Gewißheit*, Werkausg. 8, 15. Aufl. bei Suhrkamp, Frankfurt am Main (2017), S. 114 bis 257.

Die erste Annahme betrifft die Lokalisation (Verortung) des Psychischen, die zweite erwähnt Freud erst im vierten Kapitel vom *Abriss*.

[11] In *topischer* Hinsicht suchte Freud die Psyche so zu ordnen (strukturieren), dass sich seelische Vorgänge übersichtlich darstellen lassen; nicht *im* Körper, sondern sinnbildlich.

Freud stellte sich und uns das Seelenleben als Funktion eines Apparates vor, dem wir räumliche Ausdehnung und Zusammensetzung aus mehreren Stücken zuschreiben können. Im *Abriss* sagte er, dass eine solche Vorstellung noch im Ausbau begriffen sei. Vgl. S. Freud, *Jenseits des Lustprinzips*, Bd. 13 der GW, S. 1 bis 69.

[12] Das psychische *Strukturmodell* mit den drei Instanzen *Ich*, *Es* und *Über-Ich*, das im *Abriss* skizziert wird, hat S. Freud bereits im Jahre 1923 in: *Das Ich und das Es* entworfen; Bd. 13 der GW, 5. Aufl im S. Fischer Verlag (1967), S. 235 bis 289. Inspiriert hat ihn die Beobachtung der Entwicklung des Individuums, doch betonte Freud, dass das Seelenleben des/der Einzelnen in Anbetracht des/der Anderen zu erfassen sei, sodass Individualpsychologie zugleich auch *Sozial*psychologie sei; *Massenpsychologie und Ich-Analyse*, Bd. 13 der GW, in 5. Aufl. bei S. Fischer (1967), S. 71 bis 161.

Die *niedere* Instanz beinhaltet alles, was wir ererbt haben; was genetisch festgelegt ist, vor allem die im Nervensystem zu verortenden An*triebe*.[13]

Das ist *Es*, was das Verhalten erklärt.[14]

---

[13] In *dynamischer* Hinsicht führt die Psychoanalyse alle psychischen Vorgänge – von der Aufnahme äußerer Reize abgesehen – auf ein Spiel von Kräften zurück, die ursprünglich, *so* lesen wir in: *Psycho-Analysis*; alle triebhaft seien: von organischer Herkunft, durch ein großartiges (somatisches) Vermögen (Wiederholungszwang) ausgezeichnet, fänden sie in den affektiv besetzten Vorstellungen ihre psychische Vertretung.

Triebe würden sich auf den Ebenen: *Affekt* und *Vorstellung* äußern. Man könne sie in zwei Gruppen unterteilen: Ichtriebe zur Selbstbehauptung, und Objekttriebe, die die Beziehung zum Objekt zum Inhalt hätten. Hinter den manifesten Ich- und Objekttrieben würden sich zwei Grundtriebe verbergen: einer zur fortschreitenden Vereinigung, der sog. Eros, dessen Kraftäußerung *Libido* genannt werde, und ein letztendendes zur Auflösung des Lebenden führender Destruktionstrieb.

Im *Abriss* hielt Freud fest, dass der *älteste* Teil des psychischen Apparates als *Es* bezeichnet werde, dessen Inhalt alles sei, was bei Geburt mitgebracht, konstitutionell festgelegt sei, vor allem also die aus der Körperorganisation stammenden Triebe, welche hier einen ersten psychischen Ausdruck fänden.

[14] Während wir Handlungen *begründen*, zu *ergründen* vesuchen, suchen wir Verhalten *kausal* zu erklären. Der Ausdruck: *das Es* deutet das Unpersönliche und daher Naturnotwendige im Menschen an und spiegelte sich für Freud in Ausdruckweisen der Patient/inn/en wie: Da war *etwas* in mir, das stärker war als ich; *es* trieb mich dazu, usw. Vgl. G. Groddeck, *Das Buch vom Es* (1923, im Nachdruck 2016 hrsg. von K.-M. Guth); S. Freud, *Die Frage der Laienanalyse*, Bd. 14 der GW, S. 222.

D. Rapaport ging davon aus, die Psychoanalyse fokussiere auf Verhalten; *Die Struktur der psychoanalytischen Theorie*, Klett, 2. Aufl., Stuttgart (1970).

Die *mittlere* Instanz ist das denkende, vostellende Subjekt als (willentlich) handelnde Person; *das* bin *Ich*. [15]

Die Vernunft (Vernünftigkeit) ist *die* Haltung (Ethik), die sich *in* derTat bewährt, weil sie zeitlos haltbar; weil sie mit der *Um*- und *Mit*welt verträglich ist.[16]

---

[15] S. Freud *beließ* im Abriss den Namen: *Ich* jenem Bezirk des Seelenlebens, der sich aus dem *Es* entwickelt habe, um zwischen Innen- und Außenwelt zu *vermitteln*. Das Bedeutungsfeld hat er nicht eingeschränkt, obwohl das *Ich* als Instanz nicht mit dem Ich als *Selbst* zu verwechseln ist.

Das *Selbst* steht für die Persönlichkeit, das *Ich* für die *Person* als End- bzw. Anfangspunkt der *Zurechnung* willentlichen Verhaltens, wofür der Mensch Verantwortung trägt. Vgl. H. Pačić, *Theorie des Rechts, Eine (neue) Skizze des (alten) Naturrechts*, in: Kietaibl/Mosler/Pačić (Hrsg.), Gedenkschrift Robert Rebhahn, Manz, Wien (2019), S. 397 ff. (399).

Das denkende, vorstellende (urteilende) Subjekt ist *geistig*: sprachlogisch eine Grenze der Welt. Die Welt ist ethisch (ästhetisch) indifferent; nicht *so* das *wollende* Subjekt: das Ich, das (wertend) *in* der Welt agiert. Vgl. H. Pačić, *Logik, Ethik, Mystik* (2019), S. 38.

Infolge der vorgebildeten Beziehung zwischen Sinneswahrnehmung und Muskelaktion habe das *Ich*; wie Freud im *Abriss* festhielt, die Verfügung über die *will*kürlichen Bewegungen.

[16] Den *Formulierungen über die zwei Prinzipien des psychischen Geschehens* (1911) ist zu entnehmen, dass das Ich einerseits Wünschen gerecht werden müsse; auf Lustgewinn aus sei und der Unlust ausweiche (*Lust-Ich*), zugleich anderseits der Realität, sodass es nach Nutzen strebe, sich gegen Schaden zu sichern suche (*Real-Ich*); Bd. 8 der GW, (im Nachdruck 1955,) S. 229 bis 238.

Dies ist kein hedonistischer Ansatz; fokussiert wird nicht auf (Un-)Lust in Hinkunft, sondern auf die gegenwärtig unbewusst motivierende (Un-)Lust in Hinsicht auf das Verhalten samt Folgen; Th. Fechner, *Über das Lustprinzip des Handelns*, in: Zeitschrift für Philosophie und Philosophische Kritik, Halle (1848), S. 1 bis 30 und 163 bis 194.

*Das Ich und das Es* besagt, das Ich repräsentiere (vereinfacht gesagt) *das*, was Vernunft und Besonnenheit genannt werden könne, im Gegensatz zum Es, welches die Leidenschaften (Inbrunst) enthalte; Bd. 13 der GW, S. 253.

Das Motiv für die Tat ist *die* Rhythmik der Reizspannung (die Ästhetik), die wir als angenehm (befriedigend, wohltuend) empfinden.[17]

---

[17] Die Triebregungen der Mitmenschen sind der Wahrnehmung entrückt; wir schließen auf sie aus ihren Handlungen, die wir auf *Motive* aus ihren inneren Strebungen zurückführen. *Zur Psychopathologie des Alltagslebens* hat Freud im 12. Kap. (Bd. 4 GW, S. 282 f.) bemerkt, dass sich die bewusste Handlung nicht auf alle Entscheidungen ersteckt: was von der einen Seite *frei* gelassen wird, das wird von der anderen motiviert, aus dem Unbewussten, weshalb wir *einer* seits die Empfindung der Determinierung im Psychischen haben und *anderer* seits vom freien, nicht unbewusst motivierten Willen überzeugt sind.

In einem *Brief* an A. Einstein brachte S. Freud das Triebleben mit Ästhetik in Verbindung: Kulturentwicklung (Zivilisierung) führe zu köprerlichen sowie zu psychischen Veränderungen und *damit* auch zu geänderten ästhetischen Idealforderungen. Der Brief an Einstein, den Freud 1932 verfasst hat, hat die Kriegsverhütung zum Thema: sprechen wir über den Krieg, so *lehnen* wir ihn nicht bloß intellektuell *ab*, sondern bringen zudem affektiv zum Ausdruck, dass er zutiefst *widerwärtig* ist.

In *ökonomischer* Hinsicht; so wird es in: *Psycho-Analysis* geschildert, wird von Freud angenommen, dass die psychischen Vertretungen der Triebe mit Energien besetzt seien (Cathexis) und der psychische Apparat dazu tendiere, Energiestauungen zu verhüten und die Gesamtsumme *der* Erregungen, die ihn belasten, möglichst niedrig zu halten. Der Ablauf der seelischen Vorgänge werde durch das Lust-Unlust-Prinzip reguliert, wobei Unlust irgendwie mit einem Zuwachs, Lust indes mit einer Abnahme der Errgung zusammenhänge. Das ursprüngliche Lustprinzip werde im Laufe der Entwicklung in Rücksicht auf die Außenwelt modifiziert.

Im *Abriss* wies Freud dem *Ich* die Aufgabe der Selbsbehauptung zu, die es *nach außen* erfülle, indem es die Reize kennen lerne, Erfahrungen darüber aufspeichere (im Gedächtnis), überstarke Reize vermeide (Flucht), mäßigen Reizen begegne (Anpassung), endlich lerne, die Außenwelt in zweckmäßiger Weise zum eigenen Vorteil zu verändern (Aktivität); nach innen (gegen das Es), indem es die Herrschaft gegen die Triebansprüche gewinne, entscheide, ob sie zur Befriedigung zugelassen werden, diese Befriedigung auf die in der Außenwelt günstigen Zeiten und Umstände verschiebe oder ihre Erregungen überhaupt unterdrücke.

In seiner Tätigkeit werde es durch Beachtung der in ihm vorhandenen oder in dasselbe eingetragenen Reiztspannungen geleitet, deren Erhöhrung für gewöhnlich als *Unlust*, deren Herabsetzung als *Lust* empfunden werde, wiewohl es nicht die absolute Höhe dieser Reizspannung, sondern etwas im Rhythmus ihrer Veränderung sei, was als Lust und Unlust enpfunden werde.

Insoweit *An*spannung zu befürchten ist, signalisiert Angst absehbare Gefahr.[18] Der Schlaf *löst* von Zeit zu Zeit willentliche Spannungs*energie* durch geistige *Ent*spannung.[19]

---

[18] Das Ich strebe nach Lust, wolle Unlust ausweichen; so sagte es S. Freud im *Abriss*, und: die erwartete, vorausgesehene Unluststeigerung werde mit dem *Angstignal* beantwortet, ihr Anlass, ob er von außen oder innen drohe, heiße eine *Gefahr*.

Während bei äußeren Reize die Flucht offensteht oder diese durch den körpereigenen *Reizschutz* gleichsam gefiltert werden können, kann das Ich dem Reiz (Trieb), der es von innen gefährdet, nicht entfliehen, sodass es sich zur *Abwehr* (gegen die innere Aggression; gegen Vorstellungen, die es nicht verträgt,) genötigt sehen kann. Abwehr*mechanismen* sind verschiedenartig, z. B. Verdrängung, Regression, Reaktionsbildung, Isolierung, Wendung gegen die eigene Person, Projektion, Ungeschehenmachen, Identifizierung mit dem /der Angreifer/in, Verneinung durch Phantasie, Idealisierung, Verkehrung ins Gegenteil usw. Vgl. A. Freud, *Das Ich und die Abwehrmechanismen* (1936), in 6. Aufl. bei Fischer (1994); S. Freud, *Die Abwehr-Neuropsychosen*, Bd. 1 GW, S. 57 bis 74; *Weitere Bemerkungen über die Abwehr-Neuropsychosen*, Bd. 1 der GW, S. 377 bis 403; *Notiz über den „Wunderblock"*, Bd. 14 der GW, (Nachdruck 1955,) S. 1 bis 8.

Von den Abwerhmechanismen sind die sog. *Abarbeitungs*mechanismen zu unterscheiden, die weder auf eine Abfuhr von Spannungen (Abreagieren) noch darauf gerichtet sind, sie gefahrlos zu machen (Abwehr), sondern auf allmähliche Lösung durch Abänderung der inneren Bedingungen, wodurch sie entstehen, wie z. B. bei Trauerarbeit (Libidoablösung). Vgl. E. Bibring, *The Conception of the Repetition Compulsion* (1943), in: Psychoanalytic Quarterly XII (1943), Nr. 4; D. Lagache, *La psychanalyse et la structure de la personnalité* (1958), in: La Psychanalyse, P.U.F., Paris, Bd. 6, S. 34; S. Freud, *Trauer und Melacholie*, Bd. 10 der GW, S. 427 bis 446.

[19] Von Zeit zu Zeit löse das Ich seine Verbindung mit der Außenwelt; so führte Freud im *Abriss* aus, ziehe sich in den Schlafzustand zurück, in dem es seine Organisation weitgehend verändere: *so* ergebe sich, dass diese Organisation in einer besonderen Verteilung seelischer *Energie* bestehe. Er unterteilte die Energie, von der er (mit Blick auf die Physik) sprach, in *freie* und *gebundene*.

Die *höhere* Instanz ist Macht der *Mit*welt: Das Gewissen ist soziale Angst.[20] Die Sitten prägen den Richt*wert* (Normalität), der sich in unserer Moral spiegelt; *sie* ist das Richt*maß*, das wir *gelten* lassen.[21] Dies ist das soziale Ideal, das *über* mir ist.[22]

---

[20] *Zeitgemäßes über Krieg und Tod* gibt Auskunft darüber, dass das Gewissen im Grunde soziale Angst (Sorge) sei; Bd. 10 der GW, S. 323 bis 355. Dies ist eine wert*neutrale* Einordnung, die S. Freud darin im Jahr 1915 im Weltkrieg, in Anbetracht der Gewissenlosigkeit (Gräueltaten), vor dem Hintergrund der Aufhebung (Aussetzung) des gesellschaftlichen Vorwurfs ausgesprochen hat.

Das Gefühl der *Reue* setzt weder ein Gewissen noch die Unterscheidung zwischen Gut und Böse voraus, sondern ist ein Ausdruck der uranfänglichen Gefühls*ambivalenz*; des Kampfes zwischen Liebe (Leben) und Hass (Tod), Eros und Thanatos. Vgl. L. Bayer/K. Krone-Bayer in ihrem Nachwort zu: S. Freud, *Das Unbehagen in der Kultur*, Reclam, Stuttgart (2010, Nachdruck 2017), S. 135 ff. (144).

[21] Vgl. H. Pačić, *Europäische Grundrechte*, BoD, Norderstedt (2020), S. 102.

[22] Das *Überich* gehe; so wird in: *Psycho-Analysis* notiert, aus dem Es hervor. Es weise das Ich an und es vertrete die für den Menschen charakteristischen Triebhemmungen.

Als Niederschlag der langen Zeitdauer, die der Mensch als (Klein-)Kind in Abhängigkeit von seinen (sozialen) Eltern verbringe, bilde sich; wie Freud im *Abriss* ausführte, in seinem Ich eine besondere Instanz heraus, in der sich der elterliche Einfluss fortsetze; sie habe den Namen *Über-Ich* erhalten. Insoweit dieses Überich sich vom Ich sondere oder sich ihm entgegenstelle, sei es eine dritte Macht, der das Ich Rechnung tragen müsse: Die Handlung müsse den Anforderungen des Es, des Überichs und der Relalität zugleich genügen; das Ich müsse deren Ansprüche miteinander versöhnen.

Im Elterneinfluss wirke nicht nur der persönliche Einfluss der Eltern, sondern die von ihnen fortgesetzte Tradition und die von ihnen vertretenen Anforderungen des sozialen Umfelds. Ebenso nehme das Überich im Laufe der individuellen Entwicklung Beiträge von Nachfolgern und Ersatzpersonen der Eltern auf, etwa den Lehrer/inne/n oder öffentlichen Vorbildern in der Gesellschaft verehrter Ideale (Elterninstanz). Vgl. S. Freud, *Neue Folge der Vorlesungen zur Einführung in die Psychoanalyse*, Bd. 15 der GW, in 3. Aufl. bei S. Fischer (1961), S. 77.

Das Überich zeuge wie das Es vom Einfluss der Vergangenheit; das Es repräsentiere den ererbten, das Überich den übernommenen Einfluss, das Ich sei dagegen hauptsächlich durch das selbst Erlebte, also Akzidentelle und Aktuelle bestimmt (geprägt).

Das Überich hat durch die Selbstbeobachtung selbstbildende, richterliche und Ideal-Funktion. Vgl. S. Freud, *Neue Folge*, Bd. 15 der GW, S. 72. Das Ich

Integrität ist Verträglichkeit mit der inneren und äußeren Wirklichkeit zu*gleich*; der Weg (Dao) von Maß (Kultur) *und* Mitte (Natur) ist von (An-)Beginn an das zeitlose (End-)Ziel.[23]

Der psychische Apparat ist als *allgemeines* Deutungsschema auf alle Lebensformen übertragbar, soweit ihre Lebens*weise* der menschlichen vergleichbar ist.[24]

---

fürchtet das schlechte Gewissen vom Überich, liebt es aber zugleich als sein *Ichideal*. Vgl. H. Nunberg, *Allgemeine Neurosenlehre auf psychoanalytischer Grundlage*, 2. Aufl. bei Huber, Bern (1959), S. 173.

[23] Das Wort: *Kultur* bezeichnet nach S. Freud in: *Das Unbehagen in der Kultur* (1931) die Summe der Leistungen und Einrichtungen, die menschliches vom tierischen Leben unterscheiden und dem Schutz gegen die Naturgewalt *oder* der Regelung zwischenmenschlicher Beziehungen dienen. Die *Entwicklung* der Kultur gehe dahin, dass sich Einzelmenschen zu einer unter sich libidinös verbundenen Gemeinschaft vereinigen; Bd. 14 der GW, S. 419 bis 506. Darin bemerkte Freud auch, dass es das Lustprinzip sei, das *Glück* als Lebenszweck setze: wer sage, er/sie strebe danach, glücklich zu werden und zu blieben, der/die wünsche sich *vordringlich*, Leid (von Innen und Außen) zu vermeiden und darüber hinaus ein *möglichst* zufriedenstellendes Leben.

Der Lebens*weg* der Harmonie in Kultur und Natur heißt im fernen Osten: *Dao* (Tao). Vgl. z. B. Konfuzius, *Das Buch von Maß und Mitte*, hrsg. von F. und U. Fellmann, Reclam, Stuttgart (2015); Zhungzi, *Das Buch der daoistischen Weisheit*, Übers. von S. Schuhmacher, Einleitung und Anm. von G. Wohlfart, Reclam, Stuttgart (1998, Nachdruck 2016).

[24] Das im *Abriss* beschriebene allgemeine Schema des psychischen Appartes könne man; so meine Freud, auch für die höheren, dem Menschen psychisch ähnlichen Tiere gelten lassen: das Überich sei überall dort anzunehmen, wo es wie bei Menschen eine längere Zeit kindliche Abhängigkeit gegeben habe, und eine Scheidung von Ich und Es sei unvermeidlich anzunehmen.

## 2. Kapitel

Was den Menschen antreibt, das weist den natürlichen Bedarf aus, der auf Befriedigung *drängt*; insoweit es ihn *be*drängt, wird es kultürlich *ver*drängt.[25]

---

[25] Triebregungen sind, wie es in *Zeitgemäßes über Krieg und Tod* heißt, weder gut noch böse. Darin erklärte S. Freud, dass und wie sie in Gegensatzpaaren auftreten (Gefühlsambivalenz) und sich infolge innerer *und* äußerer Einflüsse entwickeln (Triebschicksale), bis sich allmählich *Charakterzüge* verfestigen.

Dem *Kurzen Abriß* ist zu entnehmen, dass die Theorie der Verdrängung, die Freud aufgrund von Äußerungen des Widerstands gegen rekonstruktives Aufdecken pathogenen Vergessenes aufgestellt hatte, regelmäßig ethische und ästhetische Motive dafür nannte.

*Psycho-Analysis* fasst zusammen, dass die analytische Neurosenlehre auf drei Pfeilern ruht: der Lehre von der Verdrängung, von der Bedeutung der Sexualtriebe und von der Übertragung.

Bei der Verdrängung nahm S. Freud eine *Ur*verdrängung an, die darin bestehe, dass der psychischen (Vorstellungs-)Repräsentanz, woran sich der Trieb fixiere und so ins Psychische niedergeschrieben werde, die Übernahme ins Bewusste versagt werde. Fortan strebe dieses Urverdrängte in Form von *Abkömmlingen* danach, ins Bewusstsein zu dringen, und werde einer zweiten Verdrängung unterworfen (*Nach*drängen). Vgl. S. Freud, *Die Verdrängung*, Bd. 10 der GW (Nachdruck 1949), S. 247 bis 261; *Hemmung, Symptom, Angst*, Bd 14 der GW, S. 111 bis 205.

Die Kräfte *hinter* den Bedürfnisspannungen bezeichnen wir als (An-)Triebe; sie repräsentieren körperliche *An*forderungen an das Seelenleben.[26]

Ihr Netzwerk ist die *Ur*sache *der* Verhaltensmuster, auf denen die eingeübte Handlungsweise (als Lebens*stil*) aufbaut, indem sie es um-, ab- oder ausbaut.[27]

Das Trieb*ziel* ist variabel (Verschiebung), Triebe können einander ersetzen, sodass Energie übergeht.[28] Ihr Schicksal ist einsehbar, aber kaum absehbar.[29]

---

[26] Im *Abriss* fürhte S. Freud an dieser Stelle aus, dass die Macht des Es die eigentliche Lebensabsicht des Einzelwesens ausdrücke, die darin bestehe, die mitgebrachten Bedürfnisse zu befriedigen. Die Absicht, sich am Leben zu erhalten und sich durch die Angst vor Gefahren zu schützen, könne dem Es nicht zugeschrieben werden. Das Überich vermöge neue Bedürfnisse geltend zu machen, leiste aber hauptsächlich die Einschränkung der Befriedigungen.

[27] Die Kräfte, die wir hinter den Bedürfnisspannungen des Es annehmen, sind von Freud *Triebe* genannt worden. Wie er im *Abriss* sagte, stehen sie für die körperlichen Anforderungen an das Seelenleben. Obzwar letze Ursache der Aktivität, seien sie im Grunde konservativer Natur; aus jedem Zustand, den ein Wesen erreicht habe, gehe ein Bestreben hervor, ihn wiederherzustellen, sobald er verlassen worden sei.

[28] Im *Abriss* erwähnte Freud, dass Triebe ihr Ziel verändern könnten (durch Verschiebung), und einander ersetzen könnten, indem die Energie des einen Triebs auf einen andern übergehe.

[29] Es könne keine Rede davon sein; sagte S. Freud im *Abriss*, den einen oder anderen der Grundtriebe (Urtriebe): Eros und Thanatos, von denen gleich die Rede sein wird, auf eine der seelischen Provinzen einzuschränken, sie seien überall anzutreffen.

Einen Urzustand könne man sich in der Art vorstellen, dass die gesamte verfügbare Energie des Eros, sog. *Libido*, im *noch* undifferenzierten Ich-Es vorhanden sei und dazu diene, die Destruktionsneigungen zu neutralisieren. (Für die Energie des Thanatos fehle ein der Libido entsprechender Terminus.) Späterhin; so meinte Freud, sei es verhältnismäßig leicht, die Schicksale der Libido rückblickend zu verfolgen; schwerer sei es beim anderen Grundtrieb.

Die (mythischen) *Ur*triebe heißen (Him-)Eros und Thanatos (Hypnos).[30] Die erotische Grundkraft ist verbindend, während die thanatische *ent*bindend ist; *sie* sind *an*einander gebunden: *Libido* und die destruktive oder aggressive Triebenergie sind *ur*sprünglich im Gleichmaß.[31]

---

[30] Man könne eine unbestimmte Anzahl von Trieben unterscheiden, sagte S. Freud im *Abriss*; tue dies auch, doch sei für uns die Frage bedeutsam, ob man die Triebe auf einige wenige Grundtriebe zurückführen könne. Nach langem Zögern und Schwanken hätten wir uns entschlossen, nur *zwei* Grundtriebe anzunehmen: den Eros und den Destruktionstrieb; der Gegensatz von Selbst- und Arterhlatungstrieb sowie der andere von Ich- und Objektliebe falle noch innerhalb des Eros, dem *Liebes-* oder *Leben*strieb.

Das Ziel des ersten bestehe darin, immer größere Einheiten herzustellen und so zu erhalten, also Bindung; das des anderen darin, Zusammenhänge aufzulösen und so die Dinge zu zerstören, vieleicht sogar, das Lebende in den anorganischen Zustand zu überführen, weshalb er auch *Todestrieb* heiße. In den biologischen Funktionen; fügte Freud im *Abriss* hinzu, wirken die beiden Grundtriebe gegeneinander oder kombinieren sich miteinander: so sei der Essensakt eine Zerstörung des Objekts mit dem Endziel seiner Einverleibung. Das Mit- und Gegeneinander der beiden Grundtriebe, gleichwie Anziehung und Abstoßung, berge die Vielfalt der Lebenserscheinungen; Veränderungen in ihrem Mischungsverhältnis seien folgenreich. Vgl. S. Freud, *Jenseits des Lustprinzips*, Bd. 13 der GW, in 5. Aufl. bei S. Fischer (1967), S. 1 bis 69.

[31] Der eine Trieb ist *regelmäßig* mit einem gewissen Betrag der anderen Seite verbunden (*legiert*), der sein Ziel modifiziert oder ihm die Zielerreichung erst ermöglicht; dass eine Tat nicht auf einer einzigen Triebregung beruhen muss, zeigt sich darin, dass wir auf die Frage nach *dem* Motiv in der Regel *mehr* als nur einen einzigen (möglichen) Beweggrund dafür nennen *können*.

Die Libido ward; wie der *Kurze Abriß* erläutert, zunächst als (quantitativ veränderliche, messbare) Kraft der auf das Objekt gerichteten Sexualtriebe in *weiteren* Sinne der Erotik verstanden, jedoch habe ihr Studium ergeben, dass der Objektlibido eine auf das eigene Ich gerichtete narzisstische oder Ich-Libido zur Seite stehe.

Infolge der Sozialisation wird Aggression *unter*bunden; *Übermaß* führt zum Konflikt (Kränkung), bedarf des Ausgleichs durch Umwandlung (Sublimierung).[32]

Alle Libido ist uranfänglich im Subjekt bewahrt (absoluter primärer Narzissmus), bis es anfängt, die Objektvorstellungen damit zu *be*setzen; narzisstische in Objekt-Libido *um*zusetzen, bei Wahrung ihrer Beweglichkeit, aber *auch* durch Fixierung.[33]

---

[32] Wird die Aggression verinnerlicht, so wendet sie sich als Überich gegen das Ich; die Spanungen zwischen ebendiesen beiden Instanzen nannte Freud das *Schuld*bewusstsein. Genau genommen ist ein Schuldgefühl, das i. Z. m. dem Gewissen steht, vom *Minderwertigkeits*gefühl, das i. Z m. dem Ichideal steht, zu unterscheiden; beides zeugt von Spannung zwischen Ich und Überich. Vgl. D. Lagache, *La pschanalyse et la structure de la personnalité*, in: La Psychanalyse, P. U. F., Paris (1961), Bd. VI, S. 40 bis 48.

Solange der Todestrieb im Inneren wirke; so führte Freud im *Abriss* aus, bleibe er stumm: er stelle sich uns erst dann, wenn er nach außen gewendet werde; dass dies so geschehe, scheine zur Erhaltung des Individuums nötig. Das Muskelsystem diene dieser Ableitung. Mit der Einsetzung des Überichs würden ansehenliche Beträge des Aggressionstriebes im Ich-Inneren fixiert und würden dort selbstzerstörend wirken. Zurückhaltung von Aggression sei überhaupt ungesund, wirke krankmachend (Kränkung). Den Übergang von verhinderter Aggression gegen die eigene Person demonstriere ein Mensch im Wutanfall, der sich die Haare raufe, vielleicht sogar sich selbst schlage.

Ein Anteil von Selbstzerstörung verbleibe aber unter allen Umstönden im Inneren; so *spekulierte* Freud, innere Konflikte würden das Individuum am Ende zugrunde richten, womöglich erst dann, wenn die Libido aufgebraucht oder unvorteilhaft fixiert sei.

Als Sublimierungen hat Freud hauptsächlich die künstlerische Betätigung und die intellektuelle Arbeit beschrieben. Vgl. *Eine Kindheitserinnerung des Leonardo da Vinci*, Bd. 8 der GW, S. 127 bis 211; *Die „kulturelle" Sexualmoral und die moderne Nervosität*, Bd. 7 der GW, S. 141 bis 167.

[33] Im *Abriss* räumte Freud ein, es sei schwer, etwas über das Verhalten der Libido im Es und im Überich auszusagen. Was wir darüber wüssten, beziehe sich auf das Ich, in dem anfänglich der ganze verfügbare Betrag von Libido aufgespeichert sei. Dieser Zustand werde der absolute primäre *Narissmus* genannt. Er halte an, bis das Ich beginne, die Vorstellungen von Objekten mit Libido zu besetzen, narzisstische Libido in Objekt-Libido umzusetzen.

Der sekundäre Narzissmus bezeichne eine Rückwendung der von den Objektbesetzungen wieder zurückgezogenen Libido. Das Ich scheine wie ein Reservoir, woraus Libidobesetzungen an Objekte ausgeschickt und in das sie

Die Quellen der Libido sind somatisch (körperlich); das wird von erogenen Zonen her an der Sexualerregung ersichtlich.[34]

---

auch wieder zurückgezogen würden. Die Libido erweise sich regelmäßig als *beweglich*: die Leichtigkeit, mit der sie von einem Objekt auf andere Objekte übergehe, sei charakteristisch; im Gegensatz dazu stehe aber ihre *Fixierung* an bestimmte Objekte, die oft lebenslang anhalte.

Der zuvor erwähnte Narzissmus ist nicht mit Egoismus gleichzusetzen, als dessen libidinöse Ergänzung ihn S. Freud beschrieben hat; Egoismus ist das *Interesse*, das das Ich triebhaft an sich selbst hat. Vgl. Freud, *Die psychogene Sehstörung in psychoanalytischer Auffassung*, Bd. 9 der GW, (im Nachdruck 1955), S. 93 bis 102; *„Psychoanalyse" und „Libidotheorie"*, Bd. 13 der GW, in 5. Aufl. bei Fischer (1967), S. 9 bis 233; *Zur Einführung des Narzißmus*, Bd. 10 der GW, (Nachdruck 1949,) S. 137 bis 170; *Metapsychologische Ergänzung zur Traumlehre*, Bd. 10 der GW, S. 411 bis 426.

Was das Individuum als Ideal vor sich hin projiziere, das sei ein Ersatz für den verlorenen Kindheitsnarzissmus, in der es sein eigenes Ideal gewesen sei (sog. *Idealich*); S. Freud, *Zur Einführung des Narzissmus*, Bd. 10 der GW, (Nachdruck 1949,) S. 137 bis 170.

Aus der *Massenpsychologie und Ich-Analyse*, S. 71 bis 161 (128 und 144) von S. Freud ergibt sich, dass eine Anzahl von Individuen dasselbe Objekt anstelle ihres Ideals setzen und sich so in ihrem Ich miteinander identifizeren können; *so* würden sie Teil vieler *Massen*, hätten ihr Ideal nach einer Vielzahl von Vorbildern aufgebaut, seien durch Identifizierung vielseitig gebunden; Identifizierung schließe *Mit*gefühl ein.

[34] Im *Abriss* hielt Freud fest, es sei unverkennbar, dass die Libido somatische Quellen habe; sie von verschiedenen Organen und Körperstellen her dem Ich zuströme. Am deutlichsten sei das an jenem Anteil der Libido zu sehen, der nach seinem Triebziel als Sexualerregung bezeichnet werde. Hervorragende Körperstellen, von denen diese Libido ausgehe, würden als *erogene Zonen* ausgezeichnet, doch sei der ganze Körper eigentlich eine solch erogene Zone. Das Sexualstreben entwickle sich allmählich aus den aufeinanderfolgenden Beiträgen mehrerer Partialtriebe, die bestimmte erogene Zonen vertreten.

## 3. Kapitel

DIE ENTWICKLUNG DER SEXUALFUNKTION

Was nach der Pubertät eher der Sexualität (Geschlechtlichkeit) zugesprochen wird, ist als Sinnlichkeit (Erotik) *auch* davor nicht zu verkennen.[35]

Die Sinnlichkeit prägt das Kleinkind, ruht im Hintergrund beim Kind (Latenz) und erblüht in der Jugend, ohne im Alter zu verblassen.[36]

---

[35] S. Freud hat im Jahr 1905 *Drei Abhandlungen zur Sexualtheorie* publiziert und hernach mehrfach aktualisiert; Bd. 5 der GW, in 4. Aufl. bei S. Fischer (1968), S. 27 bis 145. Darin befasste er sich zuerst mit sexuellen Abirrungen und stellte fest, dass der Geschlechtstrieb im Kindesalter nicht zentriert und zunächst objektlos: autoerotisch sei. Die zweite Abhandlung dreht sich um die infantile Sexualität, und die dritte um ihre Umgestaltung in der Pubertät. S. Freud befürwortete eine der Entwicklung der Kinder Rechnung tragende stufenweise fortscheitende Aufklärung im Sinne einer Nichtverheimlichung; *Zur sexuellen Aufklärung des Kindes*, Bd. 7 der GW, in 4. Aufl. bei S. Fischer (1966), S. 17 bis 27.

Der Begriff der Sexualität ist von Freud bewusst überdehnt worden; dies sagte er ausdrücklich in einem *Brief* an Albert Einstein, im September 1932. Im Vordergrund steht die Einsicht, dass Erlebnisse und Konflikte der Kindheit eine ungeahnt wichtige Rolle in der Entwicklung des Individuums spielen und in die Zeit der Reife nachwirken.

[36] S. Freud hat seine Hauptergebnisse im *Abriss* wie folgt zusammengefasst: Das Sexualleben beginne *nicht* erst nach der Pubertät, sondern setze bald nach der Geburt ein. Es sei notwendig zwischen den Begriffen *sexuell* und *genital* scharf zu unterscheiden; der erste sei der *weitere* und umfasse viele Tätigkeiten, die mit Genitalien nichts zu tun hätten. Das Sexualleben umfasse die Funktion der Lustgewinnung aus Körperzonen; *nachträglich* werde diese in den Dienst der Fortpflanzung gestellt. Beide Funktionen kämen oft nicht zur Deckung.

Die frühkindliche Entwicklung erreiche; wie im *Abriss* steht, gegen Ende des fünften Lebensjahres einen Höhepunkt, dem dann eine Ruhephase folge. Während dieser werde vieles verlernt und wieder rückgebildet. Nach Ablauf dieser sog. Latenzzeit setze sich das Sexualleben mit der Pubertät fort; es sei ein *zweizeitiger Ansatz* des menschlichen Sexuallebens feststellbar und es sei *nicht* gleichgültig, dass Ereignisse der Frühzeit der Sexualität der *infantilen Amnesie* bis auf Reste zum Opfer fielen.

Die erste Phase ist die orale (Mundregion), gefolgt von einer analen Phase (Exkretion), woran sich die *Gender* Phase reiht; *nach* der Latenzzeit erst die genitale Phase, stets im Lichte *aller* Sinneseindrücke.[37]

---

Infantile Erinnerungen, die deutlich, aber scheinbar bedeutungslos sind, können als *Deck*erinnerungen das Kindheitserleben auf den Punkt bringen; S. Freud, *Über Deckerinnerungen*, Bd. 1 der GW, S. 529 bis 554.

[37] S. Freud fasste die Sexualität weit auf, sodass sie *nicht* mit der Genitalität zusammenfiel; erst am Ende der Entwicklung der Sexualtriebe sah er das sog. Primat der Genitalzonen. Unterwegs stellen sich; so ist es in *Psycho-Analysis* beschrieben, mehrere prägenitale Organisationen her, woran sich die Libido fixieren könne und zu denen sie im Fall späterer Verdrängung zurückkehre (Regression). Fixierungen der Libido seien entscheidend für die und bei der späteren Erkrankung; so erschienen Neuosen als Entwicklungshemmungen der Libido. *Spezifische* Ursachen für neurotische Erkrankungen gebe es nicht; entscheidend für den Ausgang der Konflikte in Gesundheit oder neurotische Funktionshemmung seien bloß *quantitative* Verhältnisse. Die folgenreichste Konfliktsituation, die das Kind zu bewältigen habe, sei die der Beziehung zu den (sozialen) Eltern; der sog. Ödipuskomplex, bei dessen Überwindung das Überich als sittliche Instanz entstehe. Vgl. z. B. S. Freud, *Der Untergang des Ödipuskomplexes*, Bd. 13 der GW, 5. Aufl. bei S. Fischer (1967), S. 395 bis 402.

Die Sexualtriebe würden erst sekundär unabhängig und sie würden sich an vitale Funktionen *anlehnen*; vgl. z. B. Freud, *Beiträge zur Psychologie des Liebeslebens*, Bd. 8 der GW, S. 65 bis 91. Ursprünglich *a*sexuell sei der Trieb der *Bemächtigung*; wohl ein Tatendrang und Streben nach Erweiterung des Handlungsfeldes, im Lichte der Lust, Funktionen erfolgreich auszuführen; so I. Hendrick, *Instinct and the ego during infancy* (1942), *Work and the pleasure principle* (1943) und: *The Discussion of the „instinct to master"* (1943), in: Psychoanalytic Quarterly XI, XII bzw. XII.

Im *Abriss* führte Freud aus, dass das erste Organ, das als erogene Zone auftrete und einen libidinösen Anspruch an die Seele stelle, von der Geburt an der Mund sei. Früh zeige sich im hartnäckigen festgehaltenen Lutschen ein Befriedigungsbedürfnis, das unabhängig von Ernährung nach Lustgewinn strebe und darum sexuell genannt werden dürfe.

Die Oralität erweist sich als Modell für den Begriff der *Einverleibung* (Inkorporation), dem körperlichen Vorbild für *Intojektion* und *Identifizierung*. Bei der Introjektion sind Objekte der Außenwelt oder inhärente Qualitäten derselben ein Gegenstand der unbewussten Phantasie; die Identifizierung ist eine *Aneignung* zum tiefgründigen: das *gleichwie* ein (Partial-)Objekt (*so* wie eine Person, Züge einer Person) Sein. Dagegen ist *Verinnlichung* eine solche einer intersubjektiven Beziehung (z. B. eines Konflikts oder Verbots). Vgl. S.

Das Sexualleben spiegelt manche Libidobesetzungen in der Hauptsache oder nur am Rande wider, wohingegen andere Strebungen unterdrückt (verdrängt) werden *oder* eine andere Ausrichtung erfahren; Charakterzüge bilden, Sublimierungen mit Zielverschiebungen erfahren.[38]

---

Freud, *Massenpsychologie und Ich-Analyse*, Bd. 13 der GW, in 5. Aufl. bei S. Fischer (1967), S. 71 bis 161.

Schon während der *oralen* Phase würden mit Erscheinen der Zähne auch sadistische Impulse isoliert auftreten; so fuhr S. Freud im *Abriss* fort, in viel größerem Umfang aber in der zweiten Phase, die *sadistisch-anale* genannt werde, weil hier die Befriedigung in der Aggression und in der Funktion der Exkretion gesucht werde. Eine kindliche (Sexual-)Theorie zur sog. Analgeburt bezeichnete S. Freud als *Kloakentheorie*; *Über infantile Sexualtheorien*, Bd. 7 der GW, in 4. Aufl. bei S. Fischer (1966), S. 169 bis 188.

In *Charakter und Analerotik* setzte Freud bestimmte Charakterzüge: Ordnung, Sparsamkeit, Eigensinn mit kindlicher Analerotik in Beziehung; Bd. 7 GW, 4. Aufl. bei Fischer (1966), S. 201 bis 209; *Über Triebumsetzungen, insb. der Analerotik*, Bd. 10 der GW, S. 402 bis 410; Laplanche und Pontalis meinten, die Mechanismen, die zumeist zur Erklärung der Charakterbildung angeführt würden, seien Sublimierung und Reaktionsbildung; *Das Vokabular der Psychoanalyse*, Anm. zur Charakterneurose. Vgl. S. Freud, *Einige Charaktertypen aus der psychoanalytischen Arbeit*, Bd. 10 der GW, S. 363 bis 391; *Über libidinöse Typen*, Bd. 14 der GW, S. 507 bis 513. Zur Harnerotik vgl. z. B. S. Freud, *Zur Gewinnung des Feuers*, in 2. Aufl. bei S. Fischer (1961), Bd. 16 der GW, S. 1 bis 9.

Die dritte sei die sog. *phallische* Phase. Es geht hier nicht um den Penis, sondern für alle Geschlechter um seine *symbolische* Funktion: einen Phallus *haben* oder kastriert sein, wie der Phallus *sein* oder wie auf Entschädigung für das nicht *so* sein aus sein; es geht um Genderfragen. Vgl. S. Freud, *Die infantile Genitalorganisation*, Bd. 13 der GW, in. 5. Aufl. bei S. Fischer (1967), S. 293 bis 298; *Über die weibliche Sexualität*, Bd. 14 der GW, S. 515 bis 537.

Die Ausdrücke *männlich* und *weiblich* haben biologische, soziolgische und psychosexuelle Bedeutung. Vgl. Freuds 23. Vorlesung (Weiblichkeit) in *Neue Folge*, Bd. 15 der GW, 3. Aufl. bei S. Fischer (1961). Unter dem Einfluss von W. Fliess sprach Freud von der *Bi*sexualität, die sich in Konflikten um das eigene Geschlecht wiederfände. Vgl. S. Freud, *Die endliche und die unendliche Analyse*, Bd. 16 der GW, in 2. Aufl. bei Fischer (1961), S. 57 bis 99.

[38] Verdrängte sexuelle Wunschregungen veranlassten Freud, die Entwicklung des Sexualtriebes eingehend zu studieren, deren Verdrängung am ehesten zu misslingen schien, sodass neurotische Symptome als Ersatzbefriedigung

Wird die Libido im Umfeld früherer Phasen fixiert, so ist, sofern dies sittlich missbilligt wird, die Rede von *Per*version.[39]

Bei Neigungen der Libido, infolge von Nichtbefriedigung oder Schwierigkeiten in frühere Besetzungen zurückzukehren, ist von *Re*gression die Rede.[40]

*Wie* über die Sexualfunktion gesprochen wird, *das* lässt eine Phänomenologie psychischer Erscheinungen und eine Ätiologie psychischer Störungen erahnen, die *nicht* bei der Bewusstheit verbleibt.[41]

---

der verdrängten Sexualtät erschienen. *Psycho-Analysis* hebt die Wichtigkeit der Erlebnisse in der frühen Kindheit hervor, denn im Verein mit der ererbten Konstitution würden sie die Dispositionen für die spätere Charakter- und die Krankheitsentwicklung herstellen.

Angemerkt sei, dass von Verdrängung stets mit Bezug zum Unbewussten, von Unterdrückung aber auch mit Bezug auf (Vor-)Bewusstsein die Rede ist. Spricht ein Subjekt bislang verdrängte Inhalte aus, wehrt sich aber dagegen, indem es bestreitet, dass es *seine* seien, so spricht man von *Verneinung* als einer Art, das Verdrängte zur Kenntnis zu nehmen; eine der anderen Arten ist ihre *Verurteilung* (Urteilsverwerfung). Vgl. S. Freud, *Die Verneinung*, Bd. 14 der GW, (Nachdruck 1955,) S. 9 bis 15; *Über Psychoanalyse*, Bd. 8 der GW, (Nachdruck 1955, S. 4 bis 59,) Fünfte Vorlesung, S. 52 bis 59.

[39] Vgl. S. Freud, *Ein Kind wird geschlagen: Beitrag zur Kenntnis der Entstehung sexueller Perversionen*, Bd. 12 der GW, in 3. Aufl. bei S. Fischer (1966), S. 197 bis 226; *Das ökonomische Problem des Masochismus*, Bd. 13 der GW, 5. Aufl. bei S. Fischer (1967), S. 369 bis 383.

[40] Die Rückkehr zu früheren Zuständen des Affektlebens und der Funktion ist *so* zu beobachten, wie der Umstand, dass ein Gefühlswiderstand, der in der Justiz als *Befangenheit* bekannt ist, Intellekt und Sachverstand trüben kann.

[41] Nachdem er den Bau des psychischen Apparates beschrieben, die Energien oder Kräfte, die darin wirken, angeführt und ein Beispiel dafür gegeben hat, wie sie sich zu einer Funktion organisieren, die dem Erhalt der Menschheit dienlich sei; wies S. Freud im *Abriss* darauf hin, dass bisher noch nichts dabei gewesen sei, was den ganz eigenartigen Charakter des Psychischen vertreten hätte: *dem* wende er sich nun zu. Den Ausgang für seine Untersuchung gebe die unvergleichliche, jeder Erklärung und Beschreibung trotzende Tatsache des Bewusstseins; dennoch wüssten wir, was gemeint sei, wenn wir davon sprechen. Vgl. S. Freud, *Das Unbewusste*, Bd. 10 der GW, (Nachdruck 1949,) S. 264 bis 303; *Einige Bemerkungen über den Begriff des Unbewussten in der Psychoanalyse*, Bd. 8 der GW, S. 430 bis 439.

# 4. Kapitel

## PSYCHISCHE QUALITÄTEN

Unsere zweite (Grund-)Annahme ist die, dass das Psychische *unter*bewusst ist, sodass wir es lediglich erschließen können.[42]

Psychischen Vorgängen sind drei Qualitäten (Eigenschaften) zuschreibbar; sie sind bewusst, *vor*bewusst oder *un*bewusst.[43]

Im Schlaf lassen *Wider*stände gegen das Bewusstwerden nach, wodurch unbewusste Inhalte vordringen; die Bedingung für die Traumbildung ist damit hergestellt.[44]

---

[42] Nähme man an; so Freud im *Abriss, nur* das Bewusstsein sei das Psychische, so bliebe nur zu tun, innerhalb der psychischen Phänomenologie Wahrnehmungen, Gefühle, Denkvorgänge und Willensakte zu unterscheiden. Diese bewussten Vorgänge würden aber keine lückenlosen, in sich geschlossenen Reihen bilden, sodass nichts anderes ürbig bliebe, als physische, somatische Begleitvorgänge des Psychischen anzunehmen.

Die zweite fundamentale Annahme der Psychoanalyse erkläre aber diese vorgeblichen somatischen Begleitvorgänge für das *eigentlich* Psychische und sehe dabei zunächst von der Qualität des Bewusstseins ab; Freud berief sich dabei auf *andere* Denker, wie z. B. Th. Lipps. Das allgemeine Ungenügen an der gebräuchlichen Auffassung des Psychischen habe zur Folge gehabt, dass sich ein Begriff des Unbewussten aufgedrängt habe.

Die Auffassung, das Psychische sei an sich *nicht* bewusst, gestatte es, die Psychologie zu einer Naturwissenschaft auszugestalten. Alle Wissenschaften würden auf Beobachtungen und Erfahrungen ruhen, die unser psychischer Apparat vermittle. Die Psychologie habe diesen Apparat zum Gegenstand; zu beobachtende Lücken im Psychischen seien zu ergänzen und in bewusstes Material zu übersetzen; so würde gleichsam eine bewusste Ergänzungsreihe zum unbewussten Psychischen hergestellt.

[43] Sprechen wir vom *Unter*bewussten: dem Unbewussten im *weiteren* Sinne, so meinen wir das, was eigentlich *un*bewusst (im engeren Sinne) ist *und* das, was *vor*bewusst: zwar unbewusst, aber bewusstseins*fähig* ist. Die Scheidung zwischen den drei Klassen von Inhalten, welche diese Qualitäten tragen, ist für Freud im *Abriss* weder eine absolute noch permanente. Was vorbewusst sei, das könne ohne unser Zutun bewusstwerden; was unbewusst sei, könne durch unser Bemühen bewusstgemacht werden, wobei oft Widerstände zu überwinden seien.

[44] Aus dem Maß seiner Bemühungen, wonach er den Widerstand gegen das Bewusstwerden schätzte, hat Freud geschlossen, dass die Aufrechterhaltung bestimmter innerer Widerstände sogar eine Bedungung der Normalität sei.

Vorbewusste Inhalte können zeitweise unzugänglich und durch Widerstände verschlossen werden, wie es bei Vergessen (Entfallen) der Fall ist; *auch* kann ein vorbewusster Gedanke zeitweilig in den unbewussten Zustand zurückversetzt und *so* zur Bedingung dessen werden, was witzig (lustig) erscheint.[45]

---

Im *Abriss* hielt er fest, ein Nachlass der Widerstände mit daraus folgendem Vordringen von unbewusstem Inhalt finde im Schlaf regelmäßig statt, womit die Bedingung für die Traumbildung hergestellt sei.

[45] Der *Kurze Abriß* hebt hervor, dass der Psychoanalyse ihre Brauchbarkeit zur Aufklärung anderer als krankhafter Seelentätigkeit frühzeitig an zweierlei Phänomenen gelungen sei: bei Träumen gesunder Menschen und bei den so häufigen alltäglichen Fehlleistungen, wie z. B. bei *Vergessen*, *Ver*sprechen, *Ver*lesen oder *Ver*greifen, die i. d. R. durch Ermüdung oder Ablenkung und dergleichen erklärt werden. Die Vorsilbe deutet eine Familienähnlichkeit an. S. Freud wies in der *Psychopathologie des Alltagslebens* (1904) die Störung der bewussten Intention durch einen anderen, unterdrückten, oftmals direkt unbewussten Beweggrund nach; Bd. 4 der GW. Vgl S. Freud, *Zum psychischen Mechanismus der Vergesslichkeit*, Bd. 1 der GW, S. 519 bis 527; Bd. 6 der GW (Nachdruck 1948) enthält S. Freuds umfangreiche Arbeit: *Der Witz und seine Beziehung zum Unbewussten* (1905).

Während S. Freud beim Witz annahm, dass er dadurch enstehe, dass ein vorbewusster Gedanke für einen Moment der unebwussten Bearbeitung überlassen werde: der Witz der Beitrag zur Komik sei, den das Unbewusste leiste, ging er beim Humor davon aus, er sei der Beitrag zur Komik durch die tröstliche Vermittlung des Überichs (in seiner Abkunft von der Elterninstanz); *Der Humor*, Bd. 14 der GW, S. 381 bis 389.

Was wir wahrnehmen und was wir fühlen (empfinden), dessen sind *wir* uns bewusst.[46] Die Sprache *haftet* am Denken, Vorstellen; versagt die Realitätsprüfung bei Erinnerungsresten, so wird dies Halluzinantion genannt.[47]

---

[46] Im *Abriss* führte Freud aus, dass das Bewusstwerden insb. geknüpft sei an die Wahrnehmung, die unsere Sinnesorgane von der Außenwelt gewinnen; es sei für die topische Betrachtung ein Phänomen, das sich in der äußersten Rindenschicht des Ichs zutrage. Bewusste Nachrichten kämen aber auch aus dem Körperinneren, die Gefühle, u. U. von den Sinnen her als Empfindungen; der Körper ersetze hier für die Endorgane der Empfindung und Gefühle die Außenwelt.

[47] Nur in den Grenzen *ihrer* Sprache kann die Person ihre inneren Vorgänge wahrnehmen; vgl. L. Bayer im Nachwort zu: S. Freud, *Das Ich und das Es*, Reclam, Stuttgart (2013, Nachdruck 2016), S. 91.

Bewusste Vorgänge an der Peripherie des Ichs, alle anderen unbewusst: das wäre; wie Freud im *Abriss* bemerkt hat, der einfachste Fall, den wir uns vorstellen könnten, doch komme eine Komplikation dazu, durch welche auch innere Vorgänge im Ich die Bewusstseinsqualität erwerben könnten. Dies sei das Werk der Sprachfunktion, die Inhalte des Ichs mit *Erinnerungsresten* der visuellen und insb. akustischen Wahrnehmungen in feste Verbidnung bringe. Soweit innere Vorgänge wie die Vorstellungsabläufe und die Denkvorgänge bewusstwerden könnten, bedürfe es einer besonderen Vorrichtung, welche zwischen Innen- und Außenwelt unterscheide; der sog. *Realitätsprüfung*.

Das Innere des Ichs, das nach Freud vor allem die Denkvorgänge umfasse, habe die Qualität des Vorbewussten. Dieses sei für das Ich charakteristisch, komme ihm allein zu. Es wäre allerdings nicht richtig; fügte Freud hinzu, die Verbindung mit den Erinnerungsresten der Sprache zur Beindgung für den vorbewussten Zustand zu machen; dieser sei unabhängig davon, wenngleich die Sprachbedingung einen sicheren Schluss auf die vorbewusste Natur des Vorgangs gestatte. Der Beweis hierfür sei, dass das Überich, dem man den Charakter des Vorbewussten nicht bestreiten könne, zumeist unbewusst im phänomenologischen Sinne bleibe.

Was die Sprache betrifft, so ist ihre Grundeinheit der Satz: Der *Gehalt* ist ein Bild, das einen Sachverhalt, das ist: eine mögliche Sachlage vorstellt; der *Sinn* ist der Gedanke, der dem Ausspruch zugrunde liegt, sei es eine Aussage, eine Frage, ein (rationales) Urteil (als Einordnung) oder (auch) eine (affektve, emotionale) Bewertung. Einen Satz zu verstehen heißt, den zum Ausdruck gebrachten Sinngehalt zu erfassen. Vgl. H. Pačić, *Logik, Ethik, Mystik* (2019), S. 16, 19, 23 f. sowie 26 und 31.

Das Unbewusste ist dem (Vor-)Bewussten vorgelagert; *Es* birgt den *Kern* der persönlichen Gesinnung, ergänzt um das, was die Person verdrängt hat.[48]

Psychische (nervöse) Energie ist eher beweglich oder eher gebunden; wird freie in gebundene Energie *um*gesetzt, so sprechen wir von *Über*besetzung, *das* ist Aufmerksamkeit.[49]

---

[48] *Es* und das Unbewusste gehören für S. Freud im *Abriss* so innig zusammen wie *Ich* und das Vorbewusste; das Verhältnis sei hier noch ausschließlicher. Im Ursprung sei alles Es gewesen, woraus unter dem Einfluss der Außenwelt das Ich entwickelt worden sei. Während dieser individuellen Entwicklung seien gewisse Inhalte des Es in den vorbewussten Zustand gewandelt und so ins Ich aufgenommen worden, andere seien unverändert dort als dessen schwer zugänglicher Kern verblieben. Das junge und unkräftige Ich habe wiederum gewisse bereits aufgenommene Inhalte wieder in den unbewussten Zustand zurückversetzt; fallen gelassen, und sich bei manchen neuen Eindrücken, die es hätte aufnehmen können, ebenso verhalten, sodass sie, zurückgewiesen, nur im Es eine Spur hinterlassen konnten. Dieser letzte Anteil werde, unter Berücksichtigung seiner Entstehung, *das Verdrängte* genannt.

[49] Im *Abriss* warf Freud die Frage auf, worin denn die eigentliche Natur des Zustandes, der sich im Es durch die Qualität des Unbewussten, im Ich durch die des Vorbewussten verrate, und worin der Unterschied zwischen beiden liege. Darüber wüssten wir zwar nichts, würden jedoch annehmen, dass im Seelenleben eine Art von *Energie* tätig sei. Nervöse oder psychische Energie sei wohl in zwei Formen vorhanden, einer leicht beweglichen und einer eher gebundenen. Wir sprächen von Besetzung und Überbesetzung der Inhalte; so fuhr Freud fort, und würden vermuten, dass eine Überbesetzung eine Art von Synthese verschiedener Vorgänge herstelle, bei der die freie Energie in gebundene umgesetzt werde. Weiter seien wir zwar nicht gekommen, aber wir würden doch meinen, dass auch der Unterschied des bewussten von dem vorbewussten Zustand in solchen dynamischen Verhältnissen liege, woraus sich ein Verständnis dafür ableiten würde, dass der eine spontan oder durch unsere Mitwirkung in den anderen überführt werden könne.

Die Summe der Gesetzmäßigkeiten in der niederen (ersten) Instanz ist das, was *primär* (zuerst) vorgeht; sekundär (*später*) werden somatische Abläufe bewusstseinsfähig, sodass wir sie uns geistig (denkend) vergegenwärtigen (vorstellen) können.[50]

## 5. Kapitel

ERLÄUTERUNG AN DER TRAUMDEUTUNG[51]

Die Grenze zur niederen Instanz ist stabil, durch Widerstände (*Gegen*besetzungen) gesichert, aber nicht unüberbrückbar; so steigen, tendenziell *verdichtet* und *verschoben*, unpersönliche Inhalte im Schlafzustand auf, gegen die sich die übergeordnete Instanz zu Wehr setzt.[52]

---

[50] Freud wies im *Abriss* darauf hin, dass hinter zahlreichen Unsicherheiten *eine* Tatsache ruhe, deren Entdeckung wir der psychoanalytischen Forschung danken: Vorgänge im Unbewussten oder Es unterliegen anderen Gesetzen als jene im vorbewussten Ich.

Diese Gesetze werden in ihrer Gesamtheit als *Primärvorgang* bezeichnet; der *Sekundärvorgang* regelt dagegen die Abläufe im Vorbewussten, im Ich.

[51] *Die Traumdeutung* (1900), die S. Freud im Vorblick auf das 20. Jahrhundert in die Welt gesetzt hat, ist so wie ein Gründungsdekret für die Psychoanalyse; Bd. 2 und 3 der GW, in 3. Auflage (1961) im S. Fischer Verlag. Sie verdeutlicht, dass die Grenzen des Bewussten *nicht* jene des Psychischen sind; vgl. J. Heise im Nachwort zu: Freud, *Die Traumdeutung*, Reclam, Stuttgart (2019), S. 389.

[52] Der Traum verdankt die Möglichkeit seiner Entstehung dem Umstand, dass sich während des Schlafzustandes, der die Motilität lähmt, die Verdrängung zur Traumzensur ermäßigt; überschreitet die Traumbildung jedoch gewisse Grenzen, so findet er ein abruptes Ende, wenn und weil der/die Träumende im Schreck aufwacht. Vgl. *Kurzer Abriß*, Bd. 13 der GW, S. 415 f.

Der Traum *kann* bekanntlich verworren, unverständlich und geradezu unsinnig, mit der Wirklichkeit nicht vereinbar sein; er kann Gegensätze enthalten, nicht aber Widersprüche vereinen; er muss nicht vernünftig, doch kann er *nicht* unlogisch sein.[53]

Traum*arbeit* ist gleichwie ein Kompromiss.[54] Traum*deutung* ist nur durch solche Assoziationen erfolgreich, die gegenwärtig annehmbar sind.[55]

---

[53] Vgl. S. Freud, *Über den Gegensinn der Urworte*, Bd. 8 GW, S. 214 bis 221.
Die (Sprach-)Logik ist das (Sinn-)Bild *aller* Welt im Spiegel der Sprache: sie erweist sich als *das* Gerüst der Welt, das sich in der Sprache spiegelt. Vgl. H. Pačić, *Logik, Ethik, Mystik* (2019), S. 10 und 35.

[54] Unbewusstes Material, sei es ursprüngliches oder verdrängtes, drängt sich auf, wird vorbewusst, erfährt Zurückweisung und derart *die* Veränderung, die wir als Traum*ent*stellung kennen.
Im *Abriss* stellte S. Freud heraus, dass es zwei Anlässe zur Traumbildung gebe: Entweder habe eine sonst unterdrückte Triebregung (ein unbewusster Wunsch) die Stärke gefunden, sich im Ich geltend zu machen, oder es habe eine vom Wacheben erübrigte Strebung, ein vorbewusster Gedankengang mit allen ihm anhängenden Konfliktregungen im Schlag eine Verstärkung durch ein unbewusstes Element gefunden.

[55] Traumdeutung beginnt dann und dort, wenn und wo *das*, woran wir uns beim Erwachen erinnern, nicht bloß als Traumvorgang hingenommen wird. Deutung ist hier die *Ab*klärung der *Be*deutung zum Zwecke einer *Auf*klärung.

Der Traum weist *nicht* in die Zukunft, sondern verweist auf das Unbewusste; der *Aber*glaube wurzelt in der bewussten Unkenntnis *und* unbewusster Kenntnis von der Motivierung der psychischen Zufälligkeiten.[56]

---

[56] Wie S. Freud im *Abriss* sagte, gebe es Träume vom Es und Träume vom Ich her, doch sei der Mechanismus der Traumbildung für beide Fälle (Anlässe) gleich; auch die dynamische Bedingung sei dieselbe. Das Ich beweise seine spätere Entstehung aus dem Es dadurch, dass es zeitweise seine Funktionen einstelle und die Rückkehr zu einem früheren Zustand gestatte. Die Beweise für den Anteil des unbewussten Es an der Traumbildung seien reichlich und zwingend: Das Traumgedächtnis sei weit umfassender als das Gedächtnis im Wachzustand; der Traum mache Gebrauch von Symbolen, die aus früheren Phasen der Sprachentwicklung zu stammen scheinen; das Traumgedächtnis reproduziere Eindrücke aus der frühen Kindheit, und bringe überdies Inhalte zum Vorschein, die an *alte* Sagen und Gebräuche der Menschheit erinnern.

Traum*arbeit* sei im Wesentlichen ein Fall von unbewusste Bearbeitung vorbewusster Gedankengänge; ihr Ergebnis sei ein Kompromiss. In der dem unbewussten Stoff aufgenötigten Entstellung und den oft nur unzulänglichen Versuchen, alledem eine für das Ich annehmbare Form zu geben (sekundäre Bearbeitung), sei der Einfluss der noch nicht gelähmten Ichorganisation zu erkennen. Was von den Gesetzn des Ablaufs im Unbewussten solcherart zum Vorschein komme, sei sonderbar genug und genüge, um das meiste, was uns am Traum fremdartig sei, zu erklären.

Freud wies im *Abriss* auf die Tendenz zur *Verdichtung* hin; eine Neigung, neue Einheiten zu bilden aus Elementen, die wir sonst auseinandergehalten hätten, sodass ein einziges Element des manifesten Traumes eine Vielzahl von latenden Traumgedanken vertreten könne.

Eine weitere Eigentümlichkeit der Traumarbeit sei die Leichtigkeit der *Verschiebung* psychischer Intensitäten (Besetzungen) von einem Element auf ein anderes, sodass im manifeten Traum ein Element am deutlichsten und dementsprechend am wichtigsten erscheinen, in den Traumgedanken aber nebensächlich sein könne und umgekehrt wesentliche Elemente der Traumgedanken im manifesten Traum nur durch geringfügige Andeutungen vertreten sein könnten. Freud schloss daraus, dass im unbewussten Es die Energie sich in einem Zustand freier Beweglichkeit befände und dass es dem Es auf die Möglchkeit der Abfuhr (Entleerung) für Erregungsquantitäten eher ankomme als auf alles andere.

S. Freud betonte im *Abriss* auch, dass Gegensätze im Umbewussten u. U. nicht auseinandergehalten würden; in einigen Sprachen sei dies ebenso, wie z. B. im Lateinischen im Gebrauch von *altus* (hoch und tief) oder *sacer* (heilig und verrucht/verflucht).

*Wie* die Traumbildung *uns* sagt, *was* wir *ver*arbeiten, *so* klärt sie uns auf über die Symptombildungen bei Neurosen und Psychosen.[57]

---

Angesichts der Vieldeutigkeit des Traumes könne er, wie Freud im *Abriss* erwähnte, nur aufgrund der Assoziationen gedeutet werden, die die Person selbst zu den Elementen des manifesten Trauminhalts liefere. Jedes andere Verfahren sei willkürlich und unsicher.

Hinzuweisen ist allerdings auf die sog. anagogische Deutungsweise von Symbolbildern (Mythen, Träume usw.), die deren allgemeine moralische Bedeutung zu erklären versucht; sie ordnet die Symbole höheren Idealen zu; das anagogische Bild *scheint* einen Status oder Vorgang anzuzeigen, der erst erlebt werden soll, zumal es sozusagen um die großen ethischen Probleme geht. Vgl. H. Silberer, *Probleme der Mystik und ihrer Symbolik*, Hugo Heller, Wien/Leipzig (1914). Freud sah darin eine Rückkehr zu *vor*psychoanalytischen Auffassungen; Bd. 13 der GW, S. 163 bis 19 (187).

Im 12. Kap. *Zur Psychopathologie des Alltagslebens* sagte Freud er glaube zwar an äußeren (realen) Zufall, nicht aber an innere (psychische) Zufälligkeit im *Gegensatz* zum Abergläubischen; *weil* dieser von der Motivierung eigener zufälliger Handlungen nichts wisse, und weil die Tatsache dieser Motivierung nach einem Platze in seiner Anerkennung dränge, sei er genötigt, sie durch Verschiebung in der Außenwelt unterzubringen.

Ein *déjà vu* erkläre sich aus der Erinerung an unbewusste Phantasien. Der *prophetische* Traum erfülle sich in aller Regel nicht oder aber nicht ohne Abweichungen; Vorhersagen, Ahnungen seien subjektive Erwartungen, die mit Erinnerungstäuschungen einhergehen können, die psychischer Realität entsammen. Das Wesen des Traumes bestehe im Prozess der Traumarbeit, welcher vorbewusste Gedanken, sog. *Tagesreste* mithilfe einer unbewussten Wunschregung in manifesten Trauminhalt überführe. Vgl. S. Freud, *Traum und Telepathie*, Bd. 13. der GW, 5. Aufl. bei S. Fischer (1967), S. 163 bis 191.

[57] Im *Kurzen Abriß* wird gesagt, der Traum sei nicht anders gebaut als ein neurotisches Symptom. Er mag fremdartig, sinnlos erscheinen, doch könne man von seinem manifesten Inhalt zu einem geheimen Sinn, zu den latenten Traumgedanken gelangen. Der latente Sinn sei allemal eine Wunschregung, die als in der Gegenwart erfüllt dargestellt werde, doch könne er, außer bei kleinen Kindern und unter dem Druck imperativer Körperbedürfnisse nicht kenntlich ausgesprochen werden, sondern müsse sich erst eine Entstellung gefallen lassen, die das Werk einschränkender, zensurierender Kräfte im Ich des/der Träumenden sei. *So* entstehe der Traum, wie er im Wachen erinnert werde, bis zur Unkentlichkeit entstellt durch die Konzessionen an die *Zensur*, durch die Analyse aber als Kompromiss zwischen den miteinander ringenden seelischen Strebungen einischtig gemacht; ebens*o* wie S. Freud einst für das

hysterische Symptom befunden hat. Vgl. S. Freud, *Über den Traum*, Bd. 2/3 der GW, in 3. Aufl. bei S. Fischer (1961), S. 643 bis 700.

Im Beitrag: *Psycho-Analyses* steht rückblickend, dass Breuer und Freud angenommen hätten, das hystherische Symptom entstehe dadurch, dass die Energie eines seelischen Vorgangs von bewusster Verarbeitung abgehalten und in die Körperinnervation gelenkt werde (Konversion). Es sei folglich ein Ersatz für einen unterbliebenen Seelenakt und eine Reminiszenz an dessen Anlass, weshalb die Heilung durch die Befreiung des irregeleiteten Affekts und Abfuhr auf normalem Wege erfolge (Abreagieren).

Übrigens entspricht der Affekt*bertrag* nach S. Freud in: *Die Verdrängung* dem Trieb, insofern dieser sich von der Vorstellung gelöst habe und einen seiner Quantität gemäßen Ausdruck in Vorgängen finde, die als Affekte der Empfindung bemerkbar seien.

Sagen wir, der Traum sei die (verkappte) Erfüllung eines (verdrängten) Wunsches, so haben wir Freuds Grundgedanken nahezu erfasst. Der Wunsch ist mit der Erinnerungsspur der Bedürfnisbefriedigung verknüpft, findet eine Erfüllung im Zeichen (Erinnerungsbild) selber Wahrnehmung. Neurosen und Psychosen waren für ihn nicht durch *scharfe* Grenzen getrennt, so wenig wie Gesundheit und Neurose; nicht nur das Träumen legt davon Zeugnis ab. Das Bedeutungsfeld unserer Worte ist nicht scharf begrenzt, doch lässt sich nicht nur klären, was gemeint ist, sondern für *bestimmte* Zwecke auch eine Grenze ziehen (Begriffsbestimmung).

## II. Teil

Die Psychoanalyse ist keine Therapie, sondern eine Methode.[58]

## 6. Kapitel

DIE PSYCHOANALYTISCHE TECHNIK

Der Traum ist (wie) eine Psychose, die Heilung erfährt.[59] Wer sich von der *Außen*welt ablöst, verfällt unter dem Einfluss der *Innen*welt in die Psychose.[60]

---

[58] S. Freud hat in: *Die Frage der Laienanalyse* im Jahr 1926 dargelegt, dass die Psychoanalse aus der Medizin hervorgegangen, aber über Nervenheilkunde hinausgegangen sei, sich von der Psychopathologie zur Normalpsychologie und Kulturtheorie entwickelt habe, die als Lehre vom Unbewussten *allseits* Aufklärungsarbeit leiste. Vgl. L. Bayer, Nachwort zu: S. Freud, *Die Frage der Laienanalyse*, Reclam, Stuttgart (2019), S. 123 bis 155; vgl. zur Kriminalistik S. Freud, *Tatbestandsdiagnostik und Psychoanalyse*, Bd. 7 der GW, in 4. Aufl. bei S. Fischer (1966), S. 3 bis 15.

[59] Im *Abriss* eröffnete Freud das Kapitel mit der Folgerung: Der Traum sei *also* eine Psychose; mit Ungereimtheiten, Wahnbildungen, Sinnestäuschungen. Eine Psychose zwar von kurzer Dauer, harmlos, mit einer nützlichen Funktion betraut, von der Zustimmung der Person eingeleitet, durch einen Willensakt von ihr beendet, aber doch eine Psychose. Daraus könne man lernen, dass eine so tiefgehende Verändeurng des Seelenlebens rückgängig werden, der normalen Funktion Raum geben könne.

[60] S. Freud fürhte im *Abriss* aus, dass das Ich die Aufgabe hätte, Ansprüchen seiner Abhängigkeit von der Realität, dem Es und dem Überich zu genügen und dabei seine Organisation aufrecht zu halten, seine Selbstständigkeit zu behaupten. Die Bedingung der in Rede stehenden Krankheitszustände könne nur eine Schwächung des Ichs sein, die es ihm nicht gestatte, seine Aufgabe zu erfüllen. Die schwerste Anforderung an das Ich sei wohl die Niederhaltung der Triebsansprüche des Es, wofür es große Aufwände an Gegenbesetzungen zu unterhalten habe. Es könne aber auch der Anspruch des Überichs so stark und unerbittlich werden, dass das Ich seinen anderen Aufgaben wie gelähmt gegenüberstehe. In den ökonomischen Konflikten würden Es und Überich oft gemeinsame Sache gegen das bedrängte Ich machen, das sich zur Erhaltung seiner Norm an die Realität anklammern wolle. Sofern die beiden jedoch zu stark würden, gelänge es ihnen, die Organisation des Ichs aufzulockern und zu verändern, sodass seine richtige Beziehung zur Realität gestört oder sogar

Der innere Konflikt schwächt die Person, die sich gegen die *niederen* Triebansprüche und die *höhren* Gewissensansprüche bewähren muss, um ihre Handlungsfähigkeit zu bewahren.[61]

Wer Unterstützung zur Auflösung des Konflikts in Anspruch zu nehmen gedenkt, muss sich zur Aufrichtigkeit bei Diskretion verbinden *können*.[62] Die Gesprächstherapie ver*hilft* deshalb bei Psychosen nur bedingt; bei Neurosen *un*bedingt zur Heilung.[63]

---

aufgehoben würde; *so* hätten wir es im Traum gesehen. Auf diese Einsichten würden wir unseren Heilungsplan gründen.

[61] Das Ich sei durch den inneren Konflikt geschwächt; sagte Freud im *Abriss*, wir müssten ihm zu Hilfe kommen. Therapeut/in und Partien/in würden sich gegen die Triebansprüche des Es und die Gewissensansprüche des Überichs in Anlehnung an die reale Außenwelt verbünden.

[62] Das erwähnte Bündnis bezeichnete Freud als *Vertrag*: Das kranke Ich solle die vollste Aufrichtigkeit versprechen, d. h. die Verfügung über den Stoff, den ihm die Selbstwahrnehmung liefere; wir sicherten ihm strengste Diskretion und würden unsere Erfahrung n der Deutung vom Unbewussten Material in seinen Dienst stellen. In diesem Vertrag; so steht es im *Abriss*, bestünde die analytische Situation.

[63] Das Ich müsse sich; sagte Freud im *Abriss*, noch ein gewisses Maß von Zusammenhalt, ein Stück der Einsicht für die Anforderungen der Wirklichkeit bewahrt haben, was vom Ich des Psychotikers nicht zu erwarten sei; dieses könne einen solchen *Vertrag* nicht einhalten, kaum einen solchen eingehen. Es gäbe aber eine andere Gruppe psychisch Kranker, die Neurotiker. Ihr Ich habe sich widerständiger gezeigt, sei weniger desorganisiert worden. Mit Neurotikern könnten wir den Vertrag schließen: volle Aufrichtigkeit gegen strenge Diskretion. Das laufe nicht auf eine bloße Beichte hinaus, denn es ginge nicht nur darum, zu hören, was dieser wisse, sondern darum, das die Person uns auch erzählen solle, was sie *nicht* wisse.

Hinzuweisen ist allerdings darauf, dass Freud zwischen Psychoneurosen und *Aktualneurosen* unterschieden hat: Die Aktualneurosen gehen nicht auf frühere (infantile) Konflikte zurück, sondern sind in der Gegenwart verhaftet. Er rechnete zuerst die Angstneurose und die Neurasthanie zu dieser Gruppe und gedachte, die Hypohondrie hier einzuordnen. Vgl. Freud, *Die Sexualität in der Ätiologie der Neurosen*, Bd. 1 der GW; S. 489 bis 516; *L'hérédité et l'étiologie des nérvoses*, Bd. 1 der GW, S. 405 bis 422; *Über die Berechtigung von der Neurathenie einen bestimmten Symptomenkomplex als „Angstneurose" abzutrennen*, Bd. 1 der GW, S. 313 bsi 342; *Über neurotische Erkrankungstypen*, Bd. 8 der GW, (Nachdruck 1955), S. 321 bis 330.

Die analytische *Grundregel* besagt, dass ihre *freie* Rede uns verrät, was sich die Person nicht eingesteht; Abkämmlinge des Unbewussten, wie sie bei *Fehlleistungen* verbreitet sind.[64]

Anschaulicher als freies Assoziieren ist die *Übertragung* der Einstellung zu ihrer Bezugsperson auf eine *andere* Person; diese Spiegelung der Vergangenheit ist ambivalent, illusorisch und letztendlich *ent*täuschend.[65]

---

[64] Die Person sei auf die analytische *Grundregel* zu verpflichten; sie solle uns nicht bloß mitteilen, was sie gerne sage, sondern alles, was ihr ihre Selbstbeobachtung liefere, auch wenn es ihr *unangenehm* zu sagen, auch wenn es ihr *unwichtig* oder sogar *unsinnig* erscheinen sollte. Auf diese Weise würde sie eine Fülle von Material liefern, Gedanken, Einfälle, Erinnerungen, die bereits unter dem Einfluss des Unbewussten stünden, oft direkte Abkömmlicnge desselben seien, sodass wir in den Stand versetzt würden, das, was ihr nicht bewusst sei, zu erschließen und so die Kenntnis des Ichs von seinem Unbewussten zu erweitern.

Eine weitere Regel ist die der *Abstinenz*: Psychoanalytische Behandlung ist so zu führen, dass Ersatzbefriedigungen für Symtome der Patient/inn/en vermieden werden; jede Abfuhr frei gewordener Energie außer der *verbalen* bleibt versagt. Vgl. S. Freud, *Bemerkungen über die Übertragungsliebe*, Bd. 10 der GW, S. 305 bis 321; *Wege der psychoanalytischen Therapie*, Bd. 12 der GW, in 3. Aufl. bei Fischer (1966), S. 181 bis 194.

Zu den bereits zuvor erwähnten Fehlleistungen ist zu bemerken, dass S. Freud den gemeinsamen Charakter aller Fehl- und Zufallshandlungen in der Rückführbarkeit auf unvollkommen unterdrücktes psychisches Material sah, das zwar vom Bewusstein abgedrängt sei, aber nicht jeder Fähigkeit beraubt worden sei, sich zu äußern; *Zur Psychopathologie des Alltagslebens*, Bd. 4 der GW, (Nachdruck 1947,) S. 310. Vgl. S. Freud, *Vorlesung zur Einführung in die Psychoanalyse*, Bd. 11 der GW, in 5. Aufl. bei S. Fischer (1969), S. 7 bis 76.

[65] Es sei merkwürdig; so berichtete Freud im *Abriss*, dass der Patient nicht dabei bleibe, den Alalytiker im Lichte der Realität zu betrachten, sondern in ihm eine Wiederkehr (Reinkarnation) einer wichtigen Person aus der Kindheit, Vergangenheit erblicke und darum Gefühle und Reaktionen auf ihn übertrage, die diesem Vorbild gegolten hätten. Die Übertragung sei *ambivalent*: sie umfasse positive, zärtliche, wie negative, feindselige Einstellungen. Vgl. S. Freud, *Die Dynamik der Übertragung*, Bd. 8 der GW, S. 364 bis 374.

Zuweilen ermögliche das ein *Nacherziehen* des Neurotikers, doch warnte Freud im *Abriss* eindringlich vor jeglichem Missbrauch der Stellung, vor Un-

Der Weg zur Stärkung der Persönlichkeit verläuft über die Erweiteurng der Selbsterkenntnis zur *konstruktiven* Einsicht.[66] Hierzu ist nicht nur der Verdrängungswiderstand zu überwinden, sondern die Person zudem vom *Schuldgefühl*, das sie belastet (kränkt), durch Abbau von Zwängen zu befreien.[67]

---

treue im analytischen Verhältnis. Es dürfe der Fehler der Eltern, die die Unabhängigkeit des Kindes durch ihren Einfluss erdrückt hätten, nicht wiederholt; die frühere Abhängigkeit nicht durch eine neue ersetzt werden.

Es sei kaum zu vermeiden, dass die positive Einstellung zum Analytiker eines Tages in die negative, feindselige umschlage. Dies sei für gewöhnlich eine Wiederholung der Vergangenheit. Wie auch immer der Fall gelagert sei, dürfe nie der Vertrag vergessen werden. Der Analytiker habe die Aufgabe, den Patienten aus gefahrdrohenden Illusionen zu reißen, ihm immer wieder zu zeigen, dass es die Spiegelung der Vergangenheit sei, was er für real halte.

Die Gesamtheit unbewusster Reaktionen des Analytikers auf die Person des Analysanden, insb. auf dessen Übertragung, heißt: *Gegen*übertragung. Dem Aalytiker empfahl S. Freud nicht nur das Zuhören mit *gleichschwebener Aufmerksamkeit*, sondern auch strikte *Neutralität*. Vgl. S. Freud, *Ratschläge für den Arzt bei der psychoanalytischen Behandlung*, (Nachdruck 1955,) Bd. 8 der GW, S. 375 bis 387; *Zur Einleitung der Behandlung*, Bd. 8 der GW, S. 453 bis 478; *Wege der psychoanalytischen Therapie*, Bd. 12 der GW, 3. Aufl. bei S. Fischer (1966), S. 181 bis 194.

[66] Im *Abriss* führe S. Freud aus, dass der Weg, das geschwächte Ich zu stärken, von der Erweiterung seiner Selbsterkenntnis ausgehe; es sei der erste Schritt. Den Stoff für die Arbeit von Analytiker/inne/n werde aus dem, was der/die Patient/in in den Mitteilungen und freien Assoziationen andeute, was er/sie in den Übertragungen zeige, was der Traumdeutung zu entnehmen sei und was Fehlleistungen verraten würden, gewonnen. All das Materiel verhelfe zu Konstruktionen darüber, was in den Patient/inn/en vergegangen sei und was sie vergessen hätten, ohne es zu verstehen, doch seien ihnen diese nicht verfrüht mitzuteilen, sondern i. d. R. erst dann, wenn er/sie selbst sich der Konstruktion so weit genähert habe, dass ihm/ihr nur ein Schritt, allerdings der entscheidende *Synthese*, fehle; widrgenfalls bliebe die Mitteilung erfolglos oder würde heftigen Widerstand hervorrufen, der die Fortsetzung der Arbeit erschwere oder in Frage stellen könnte. Vgl. S. Freud, *Konstruktionen in der Analyse*, Bd. 16 der GW, in 2. Aufl. bei S. Fischer (1961), S. 41 bis 56.

[67] Das Schuldgefühl ist die Strenge des Gewissens; Härte des Überichs, das dem Ich ein soziales *Ideal* überbindet.

Kulturideale wurden in der Götterwelt abgebildet, der man zusprach, was unerreichbar schien oder untersagt war; Götter überholter Kulturperioden wurden nicht selten zu Dämonen. S. Freud besprach das in: *Das Unbehagen in der Kultur*. Dämonen verkörpern verkannte unbewusste böse Wünsche; ab und an wehrt sich das Subjekt, indem es dem Anderen etwas unterstellt, das es ablehnt oder in sich selbst verleugnet; *Projektion* nach außen erlaubt zu entfliehen; vgl. S. Freud, *Jenseits des Lustprinzips*, Bd. 13 der GW, S. 29.

In seinem Werk über *Das Unheimliche*, Bd. 12 der GW, in 3. Aufl. bei S. Fischer (1966), S. 229 bis 268, meinte Freud, das Unheimliche sei jene Art des Schreckhaften, welche auf das Altbekannt, Längstvertraute zurückgehe; als unheimlich könne verspürt werden, was an inneren *Wiederholungszwang* mahnen könne, der im Unbewussten von den Trieben ausgehe und gewissen Seiten des Seelenlebens *dämonischen* Charakter verleihen könne.

Eine von vielen verbreiteten Formen des Aberglaubens sei die Angst vor dem bösen Blick als Angst vor dem Neid, der aus dem eigenen Inneren nach außen projiziert werde; wer neidisch blicke, dem traue man womöglich zu, Neid in schädliche Wirkung umzusetzen. Die Analyse des Unheimlichen führte S. Freud zur Weltauffassung des Animismus, ausgezeichnet durch die narzisstische Überschätzung der eigenen seelischen Vorgänge, die Allmacht der Gedanken und die darauf aufgebaute Technik der Magie, Zuteilung von Zauberkräften an Personen und Dinge sowie durch allerlei Schöpfungen, mit denen sich uneingeschränkter Narzissmus gegen unverkennbare Einsprüche der Realität zur Wehr setze.

Unheimliches *im Erleben* kommt ihm zufolge dann zustande, wenn verdrängte infantile Komplexe durch einen Eindruck belebt würden *oder* überwundene Überzeugungen bestätigt schienen; *in der Fiktion* (Phantasie oder Dichtung) sah S. Freud den Inhalt von der Realitätsprüfung enthoben, sodass u. U. nicht unheimlich sein könne, was es wäre, wenn es sich ereignen würde, aber auch unheimlich wirken könne, was sonst nicht unheimlich sei.

Im *Abriss* sprach Freud vom Krankheits- und Leidensbedürfnis; das sei das Schuldgefühl oder Schuldbewusstsein, wie es genannt werde, obwohl der Kranke es nicht verspüre, nicht erkenne; ein Beitrag zum Widerstand, den ein besonders hart und grausam gewordenes Überich leiste: Das Individuum solle krank bleiben, weil es nichts Besseres verdiene.

*Dieser* Widerstand gestette es zwar oft, dass *eine* Form des neurotischen Leidens aufgehoben werde, sei aber bereit, sie sofort durch eine andere, eventuell durch eine somatische Erkrankung zu ersetzen. Derart könne die gelegentlich beobachtete Heilung oder Besserung schwerer Neurose durch reale Unglücksfälle erklärt werden: es komme darauf an, dass man elend sei, gleichgültig auf welche Weise.

Die klaglose Ergebenheit, mit der solche Patienten ihr Schicksal ertrügen, sei merkwürdig, aber auch verräterisch. In der Widerstandsabwehr müsse man sich auf das Bewusstmachen desselben *und* auf den Versuch zum langsamen Abbau des feindseligen Überichs beschränken.

Kommt es zu einer weitgehenden Trieb*ent*mischung, in deren Folge übergroße Mengen des nach innen ausgerichteten Destruktionstriebes frei werden, so scheint dies unerträglich.[68]

Psychologische Psychotherapie hat ihre Grenzen, *aber* ihre Arbeitsweise ist erprobt.[69]

---

[68] Im *Abriss* sprach S. Freud einen bestimmten Widerstand an, der nicht nur schwer zu erweisen, sondern auch schwer zu bekämpfen sei. Es gebe unter den Neurotikern Personen, bei denen der Trieb zur Selbsterhaltung geradezu eine Verkehrung erfahren habe, hin zur Selbstschädigung, Selbstzerstörung. Freud nahm an, dass bei ihnen weitgehende Triebentmischung stattfände, in deren Folge übergroße Quantitäten des nach innen gewendeten Destruktionstriebes frei geworden seien. Solche Patienten fänden die Behandlung nicht erträglich. Dies sei aber ein Fall, dessen Aufklärung ihm noch nicht ganz geglückt sei.

[69] Am Ende dieses Kapitels im *Abriss* forderte Freud uns auf, die Situation, in die wir uns mit unserem Versuch, dem neurotischen Ich zu helfen, begeben hätten, zu überblicken. Dieses Ich könne die Aufgabe, die ihm die Außenwelt einschließlich der menschlichen Gesellschaft stelle, nicht mehr erfüllen. Es verfüge nicht über alle seine Erfahrungen, ein großer Teil seines Erinnnerungsschatzes sei ihm abhandengekommen, seine Aktivität werde durch strenge Verbote des Überichs gehemmt, seine Energie verzehre sich in vergeblichen Versuchen zur Abwehr der Ansprüche des Es, überdies sei es infolge der fortgesetzten Einbrüche des Es in seiner Organisation geschädigt, in sich gespalten, bringe keine ordentliche Synthese mehr zustande, werde von einander widerstrebenden Strebungen, unerledigten Konflikten, ungelösten Zweifeln zerrissen.

Das geschwächte Patienten-Ich könne an der Deutungsarbeit teilhaben und werde bestärkt; zugleich werde die Ordnung im Ich wiederhergestellt, indem die aus dem Unbewussten eingedrungenen Inhalte und Strebungen aufgespürt und durch Rückführung auf ihren Ursprung der Kritik bloßgestellt würden. Freud wies an dieser Stelle darauf hin, dass es im *Abriss* um *Therapie* nur soweit gehe, als sie einzig und allein mit *psychologischen* Mitteln arbeite.

# 7. Kapitel

Neurosen sind *die* Zustände, die auf funktionale Störungen im psychischen Apparat hinweisen, *ohne* der Norm zu entsagen.[70]

---

[70] Zunächst fasste Freud im *Abriss* zusammen: Nach alledem hätten wir uns eine allgemeine Kenntnis des psychischen Apparates verschafft, der Teile, Organe, Instanzen, aus denen er zusammengesetzt sei, der Kräfte, die in ihm wirken würden, der Funktionen, mit denen seine Teile betraut seien. Sodann wies er darauf hin, dass Neurosen und Psychosen Zustände seien, in denen sich die Funktionsstörungen des Apparates Ausdruck verschaffen. Wir hätten die Neurosen zum Studienobjekt gewählt, weil bloß sie den psychologischen Methoden (unbedingt) zugänglich erschienen.

Ihre Ursache ist kein äußerer (Krankheits-)Erreger, sondern eine innere *Dis*harmonie, wobei Affektionen des Subjekts auf *Über*forderung zurückzuführen sind.[71]

---

[71] Freud schickte im *Abriss* voraus, dass Neurosen nicht wie z. B. Infektionskrankheiten spezifische Krankheitsursachen hätten; es wäre müßig bei ihnen nach Krankheitserregern zu suchen. Die Übergänge zur sog. Norm seien eher fließend, und es gebe es kaum einen als normal anerkannten Zustand, in dem sich Andeutungen neurotischer Züge nicht nachweisen ließen.

Es seien quantitative Disharmonien, die für Unzulänglichkeiten und für Leiden der Neurotiker verantwortlich zu machen seien. Die Verursachung aller Gestaltungen des menschlichen Seelenlebens sei in der Wechselwirkung von mitgebrachten Dispositionen und akzidentellen Erlebnissen zu suchen. Diese Erklärung möge unbefriedigend sein, weil sie zu allgemein sei, zu viel erkläre. Wenn es aber richtig bleibe, dass die Neurosen sich nicht *wesentlich* von der Norm unterscheiden, so verspreche ihr Studium wertvolle Beiträge zur Kenntnis dieser Norm zu liefern. Womöglich könnten so Schwachstellen der normalen Organisation entdeckt werden.

Freud verwies auf die analytischen Erfahrungen, die uns lehren würden, dass es wirklich einen Triebanspruch gebe, dessen Bewältigung am ehesten misslinge oder nur unvollkommen gelinge, und eine Lebenszeit, die für die Entstehung einer Neurose vorwiegend in Betracht komme. Dann betrachtete er die Momente Triebnatur und Lebenszeit, die er zuvor angesprchen hatte, gesondert.

Zur Lebenszeit meinte Freud, es mache den Anschein, dass Neurosen in der ersten Kindheit (bis zum 6. Lebensjahr) erworben würden, obgleich die Symptome erst später zum Vorschein kämen. Neurosen seien Affektionen des Ichs, sodass es nicht verwunderlich sei, dass das Ich, solange es schwach, unfertig und widerstandsunfähig sei, an der Aufgabenbewältigung scheitere, die es späterhin mit Leichtigkeit erledigen könnte. Die Triebansprüche von innen wie die Erregungen von der Außenwelt würden als Traumen wirken. Das hilflose Ich erwehre sich ihrer durch Fluchtversuche (Verdrängungen).

Zum Triebanspruch meinte Freud, dass theoretisch kein Einwand gegen die Annahme bestünde, jeder beliebige Triebanspruch könne zu den gleichen Verdrängungen mit ihren Folgen Anlass geben, doch sei bislang regelmäßig zu beobachten gewesen, dass die Erregungen, denen diese pathogene Rolle zukomme, von Partialtrieben des Sexuallebens herrühren: Symptome der Neurosen hätten sich als Ersatzbefriedigungen eines sexuellen Strebens oder als Maßnahmen zu ihrer Verhinderung, i. d. R. als Kompromisse erwiesen. Erschwerend komme hinzu, dass die meisten Strebungen des Sexuallebens nicht rein erotischer Natur seien, sondern aus *Legierungen* von erotischen mit Anteilen des Destruktionstriebes hervorgegangen seien.

Familienverhältnisse formen Lebensverhältnisse aus; das Verhältnis zu Bezugspersonen wirkt im Sozialleben nach.[72] Der Mensch *neigt* zur Umwandlung von Egoismus in Altruismus.[73]

---

[72] Ehe oder Lebenspartnerschaft beruht auf sog. vollsinnlicher; Freundschaft und (überhaupt) soziale Gefühle auf sog. *zielgehemmter* Liebe (Zärtlichkeit); was in der Familie, d. h. im Kreis sozial *A*ngehöriger, erfahren wird, das greift darüber hinaus; baut Bindungen auf.

Die Ablösung von der Familie wird als Integration in die *weitere* Gesellschaft mitunter durch Pubertäts- oder Aufnahmeriten unterstützt: S. Freud notierte all dies z. B. in: *Das Unbehagen in der Kultur*.

Der Ausdruck *Familienneurose* verweist übrigens auf die Verflechtung unbewusster zwischenmenschlicher Beziehungen. Vgl. R. Laforge, *La névrose familiale*, in: R.E.P. IX (1936) 3, S. 327 bis 355.

Im Ödipuskomplex erblickte Freud, wie er in: *Totem und Tabu* (1912/13) sagte, die Anfänge von Religion, Sittlichkeit, Gesellschaft und Kunst, wie auch den Kern aller Neurosen; Bd. 9 der GW, 3. Aufl. bei S. Fischer (1961), S. 188. Während der infantile Sinnlichkeit eher in die Familie hineinführt, führt die pubertäre Sexualität eher aus ihr heraus; vgl. L. Bayer und H.-M. Lohmann in ihrem Nachwort zu: S. Freud, *Drei Abhandlungen zur Sexualtheorie*, Reclam, Stuttgart (2010), S. 181 f.

Im *Abriss* erläuterte Freud den *Ödipuskomplex*, der nach dem Drama von Ödipus benannt ist; *er* soll unwissentlich seinen Vater getötet und seine Mutter geheiratet haben. Dahinter steht für Freud, dass der Knabe, sobald er in der phallischen Phase sei, den Vater bei der Mutter zu ersetzen suche. Dem werde ein schreckliches Ende bereitet: in Furcht, entmannt zu werden (*Kastrationsdrohung*). Beneide das Mädchen den Knaben (*Penisneid*), so sei es i. d. R. um Ersatz (z. B. Kinderwunsch) bemüht (auf der anderen Seite wird nunmehr verschiedentlich vom Gebärneid gesprochen); eine Mutterbindung könne einer Mutteridentifizierung weichen. Bei auffälliger Vaterbindung *und* bei Abkehr von der Mutter ist teils vom sog. *Elektrakomplex* die Rede. Vgl. S. Freud, *Einige psychische Folgen des anatomischen Geschlechtsunterschieds*, Bd. 14 der GW, S. 17 bis 30.

Weittragender dürfte der Ansatz von E. Jones sein, der bei *beiden* Geschlechtern von der *Aphanasis* sprach; Angst vor dem Verschwinden des sexuellen Bedürfnisses; *Die erste Entwicklung der weiblichen Sexualität*, Vortrag auf dem 10. Int. Psychoanalytischen Kongress in Innsbruck im Jahre 1927, in: Internationale Zeitschrift für Psychoanalyse, XIV (1928), S. 11 ff.

[73] Der Mensch bringt, wie S. Freud in *Zeitgemäßes über Krieg und Tod* sagte, *ein* Stück Neigung (Disposition) zur Umwandlung eigensüchtiger Strebungen durch Zumischung *erotischer* Komponenten (Erotik wird als Liebesbedürfnis im weitesten Sinne aufgefasst) in altruistische, soziale Triebe mit. Dies sei die

Zivilisation baut Agression durch *die* Libido ab, welche Bindungen aufbaut, al*so* eine Wertegemeinschaft ermöglicht.[74]

Die Sozietät übt Sittlichkeits*druck* zur Tugend aus, schränkt Triebbefriedigung aus Anstand ein; die geregelte Öffentlichkeit setzt Recht, Recht ist soziale Macht, und *sie er*setzt Gewalt.[75]

Der Staat (die Staatsgewalt) ist das Recht als etabliertes System der Rechts*politik*.[76]

---

*Kulturneigung* des Menschen, der das *andere* Stück der Umwandlung selbst leisten müsse.

[74] Am 30. Juli 1932 fragte Alber Einstein auf Anregung des Völkerbundes und seines Internationalen Instituts für geistige Zusammenarbeit in einem Brief an S. Freud, wie sich bei psychologischer Betrachtung Krieg verhüten lässt. S. Freud antwortete im September 1932; der Briefwechsel ist 1933 unter dem Titel *Warum Krieg?* veröffentlich worden; Bd. 16 der GW, S. 11 bis 27. Darin beschrieb er, dass der Aufbau der Rechtsgemeinschaft (Zivilisierung) mit der Herstellung von *Gefühlsbindungen* (insb. durch Identifizierung) einhergehe: dies sei nötig, denn die Kulturgesellschaft sei beständig vom Zerfall bedroht, da triebhafte Leidenschaften vernünftige Inetressen überwältigen könnten.

[75] In seinem *Brief* an A. Einstein setzte sich S. Freud mit dem Verhältnis von *Recht* und Macht auseinander, wobei er das Wort *Macht* durch das grellere, härtere Wort *Gewalt* ersetze. Darin skizzierte er den Weg von gewaltsamen Konfliktlösungen zum zivilisierten Rechtsstreit. *Totem und Tabu* besagt, dass *alle* Kultur gewaltbasiert sei, sodass sie sich der Gewalt erwehren müsse. Vgl. H.-M. Lohmann, Nachwort zu: S. Freud, *Totem und Tabu*, Reclam, Stuttgart (2016), S. 276. Zum Begriff der Macht vgl. W. Detel, *Philosophie des Sozialen*, Reclam, Stuttgart (2007, Nachdruck 2013), S. 65 ff. Zum Thema vgl. z. B. auch M. Gandhi, *Gewaltfreiheit*, hrsg. von G. Dharampal-Frick, Reclam, Stuttgart (2014); M.-L. Frick, *Zivilisiert streiten, Zur Ethik der politischen Gegnerschaft*, Reclam, Stuttgart (2017).

[76] S. Freud bemerkte in *Zeitgemäßes über Krieg und Tod*, dass die Völker (in etwa) durch die Staaten, die sie bilden, repräsentiert würden; diese Staaten (nach außen) durch ihre Regierungen. Im *Brief* an A. Einstein sprach er vom Erfordernis der *organisierten* Interessengemeinschaft zur Überwindung von Gewalt im Sinne von *Un*sicherheit durch die Staatsgewalt; *sie* gewährleistet einen Raum der Freiheit, der Sicherheit und des Rechts.

Die Ordnung sei; so sagte es S. Freud in *Das Unbehagen in der Kultur*, ein *vernünftiger* Wiederholungszwang.

Wie die Recht*sprechung* belegt, setzen wir voraus, dass wir unser Handeln an der Recht*sordnung* ausrichten müssen, wofern wir uns nicht der gerechtfertigten Rechtsdurchsetzung aussetzen wollen (Normativität).[77]

Was wir als Rechtfertigung *gelten* lassen, wird in der *Leit*kultur deutlich; es verdeutlicht, *wie* wir denken und leben.[78]

*Natur*recht ist Humanität; wird *sie* nicht verinnerlicht, äußert sich Unbehagen in der Bevölkerung.[79]

---

[77] S. Freud sprach in seinem *Brief* an A. Einstein Unruhen infolge des sozialen Kampfes *um* die Ausgestaltung des Rechtsgesetzes an; wird der Machtkampf gewaltsam ausgetragen, so könne er zum Recht*sbruch* (und damit zu einem neuen Staat) führen. Der *Rechtsstaat* ist auf eine friedliche Rechtsfortbildung ausgerichtet und entspricht einer Kulturentwicklung, die nach S. Freud eine *organische* Unverträglichkeit nach sich zieht: Dem zivilisierten Menschen sei der Krieg (die Gewalt) ethisch *wie* ästhetisch zuwider (unerträglich), sodass das, was die Zivilisierung fördere, *auch* gegen die Gewalt (den Krieg) arbeite.

[78] Der (Einzel-)Mensch steht unter der Einwirkung des Kulturmilieus und der Nachwirkung der Kulturgeschichte.

[79] Wer mit dem Ausmaß von Triebverzicht, den die Zivilisierung erfordert, auf Dauer überfordert ist, der/die hat das Regelmaß *nicht* verinnerlicht; S. Freud sprach von *Kulturheuchelei*, falls jemand *bloß* kultiviert sei, weil, solange und insoweit dies vorteilhaft sei. Vgl. H.-M. Lohmann, Nachwort zu *Zeitgemäßes über Krieg und Frieden*, Reclam, Stuttgart (2012), S. 85 ff.

*Das Unbehagen in der Kultur* ist ein Werk, in dem S. Freud das durch die Kulturentwicklung erzeugte Schuldbewusstsein in den Fokus rückt; darin ist erklärt, es enthalte Angstmöglichkeiten, die unbewusst bleiben oder als ein Unbehagen; unbestimmte Unzufriedenheit zum Vorschein kommen können.

Wer *Mit*menschen *als* Personen liebt: achtet, *würdigt* sie gleichermaßen als Subjekte. Die sog. goldene Regel *ist* folglich *Ur*recht: Persönlichkeit*srecht*. Vgl. H. Pačić, *Das strikte Recht: Zivilrecht*, Manz, Wien (2019), Rz. 7 ff. Da für manche Menschen manch andere Menschen nicht liebenswert sind, suchen manche Religionen ihre libidinöse Bindung durch die Anbindung an Gott zu erreichen, der jeden einzelnen Menschen gleichermaßen liebe. Freilich kann eine Identifizierung durch eine besondere affektive Gemeinsamkeit dasselbe leisten, *so* wie das Festhalten an Vernunft. Vgl. S. Frued, *Massenpsychologie und Ich-Identifizierung*, Bd. 13 der GW, S. 71 bis 161, vor allem das Kapitel VII.

Demokratie ist die Geltung des (Staats-)Rechts, insoweit es vom (Wahl-)Volk ausgeht, vernünftig (sachlich) begründet ist und der Menschenwürde gerecht wird; sie ist *also* die Volkssouveränität (höchst-)selbst.[80]

---

[80] S. Freud sah im *Brief* an A. Einstein dem Ideal *der* Gemeinschaft entgegen, die ihr Triebleben unabhängig von Gefühlsbindungen allein der Maßgabe der Vernunft unterwirft.

Das Recht als Kulturerrungenschaft beruht auf einem gemeinschaftlichen Beitrag (Triebopfer), wie Freud in *Das Unbehagen in der Kultur* festhielt. Die individuelle Freiheit hielt er nicht für ein Kulturgut; der Freiheitsdrang richte sich gegen Kultur überhaupt oder gegen bestimmte Formen und Ansprüche derselben: gegen Ungerechtigkeit.

## III. Teil

### DER THEORETISCHE GEWINN

Die Psychoanalyse hat einen signifikanten Erklärungswert, der ihr nicht abzusprechen ist, *und* sie ist auf Fortschritt bedacht.[81]

## 8. Kapitel

### DER PSYCHISCHE APPARAT UND DIE AUßENWELT

Wir haben gesehen, *dass* und *wie* Normalität und Normativität zusammenhängen.[82] Wir haben damit ein Anrecht begründet, die Norm *auch* aus dem, was als *ab*norm gilt, zu ergründen.[83]

Der psychische Apparat als Sinnbild des Psychischen deutet an, dass die Psyche nur dann verständlich wird, wenn und weil wir wissen, *wie* wir darüber reden, und damit auch: wie wir sie uns verständlich machen können.[84]

---

[81] S. Freud berief sich zu Beginn dieses Kapitels im *Abriss* darauf, dass alle die allgemeinen Einsichten und Voraussetzungen, die zuvor aufgezeigt worden seien, durch mühselige und geduldige Einzelarbeit gewonnen worden seien, die er zuvor veranschaulicht habe. Nun ginge es ihm darum, zu überschauen, welche Bereicherung unseses Wissens wir durch solche Arbeit erworben und was für Wege für weiteren Fortschritt wir eröffnet hätten. Vgl. z. B. S. Freud, *Die zukünftigen Chancen der psychoanalytischen Therapie*, Bd. 8 der GW, S. 104 bis 115; *Das Interesse an der Psychoanalyse*, S. 389 bis 420.

[82] S. Freud sagte im *Abriss*, dass die Abgrenzung der psychischen Norm von der Abnormalität (natur-)wissenschaftlich nicht durchführbar sei, sodass sie trotz der praktischen Wichtigkeit nur von konventionellem *Wert* sei.

[83] S. Freud sagte im *Abriss*, wir hätten ein Anrecht begründet, das normale Seelenleben aus seinen Störungen zu verstehen, was nicht gestettet wäre, wenn diese Krankheitszustände, Neurosen und Psychosen, spezifische, nach der Art von Fremdkörpern wirkende Ursachen hätten.

[84] S. Freud wies im *Abriss* darauf hin, dass unsere Annahme eines räumlich ausgedehnten, zweckmäßig zusammengesetzten, durch die Bedürfnisse des Lebens entwickelten psychischen Apparates, der nur an einer bestimmten Stelle bei gewissen Bedingungen den Bewusstseinsphänomenen Entstehung gebe, uns in den Stand gesetzt hätte, die Psychologie auf einer ähnlichen Grundlage aufzurichten wie jede andere Naturwissenschaft, z. B. die Physik. Hier wie dort bestehe die Aufgabe darin, hinter den unsrer Wahrnehmung

Der Kern des Psychischen erscheint uns dunkel, als seine niedere Instanz, *un*persönlich, beinahe fremd; *so* wie ein *Es* im Körper, worin Triebe wirken; als Mischungen zweier *Ur*kräfte, die zeitweilig nach einseitiger Befriedigung verlangen.[85]

Das *Lust*prinzip zielt aber darauf, endgültig verwirklicht zu werden, indem es allseits erlischt (Nirwana); Seelen*ruhe*.[86]

---

direkt gegebenen Eigenschaften (Qualitäten) des Forschungsgegenstandes anderes aufzudecken, was von der besonderen Aufnahmefähigkeit unserer Sinnesorgane unabhängiger, dem Sachverhalt weitaus eher angenähert sei. Letztlich würden wir aber sehen, dass alles, was wir neu erschlossen hätten, in die Sprache der Wahrnehmung übersetzt werden müsse, von der wir uns nicht freimachen können.

Ein theoretischer Gewinn durch naturwissenschaftliche Arbeit bestehe in der Einsicht in Zusammenhänge und Abhängigkeiten, die in der Außenwelt vorhanden seien, in der Innenwelt unseres Denkens irgendwie zuverlässig reproduziert (gespiegelt) werden könnten, und deren Kenntnis uns befähige, etwas in der Außenwelt zu verstehen, es vorauszusehen und möglicherweise abzuändern. Ähnlich würden wir in der Psychoanalyse verfahren, denn wir hätten technische Mittel gefunden, um die Lücken unserer Bewusstseinsphänomene auszufüllen; wir würden uns ihrer bedienen wie Physiker des Experiments. So könne eine Anzahl von Vorgängen erschlossen werden, die an und für sich unerkennbar seien; und wenn wir z. B. sagten, hier habe eine unbewusste Erinnerung eingegriffen, hieße das: Hier sei etwas Unfassbares vorgefallen, was aber, wenn es uns zum Bewusstsein gekommen wäre, nur so und so hätte beschrieben werden können.

[85] An dieser Stelle wiederholte Freud im *Abriss* die Angaben aus dem ersten Teil, wenngleich ausführlicher.

[86] S. Freud bemerkte im *Abriss*, dass die Erwägung, dass das Lustprinzip eine Herabsetzung, im Grunde vielleicht ein Erlöschen der Bedürfnissspannungen (*Nirwana*) verlange, zu noch nicht gewürdigten Beziehungen des Lustprinzips zu den beiden Urkräften führe. In seinem Werk *Das ökonomische Problem des Masochismus* sagte S. Freud, das Nirwanaprinzip drücke die Tendez des Todestriebes aus.

Das Nirwana (Nirvāna oder Nibbāna) des Buddhismus ist unsagbar, zeigt sich aber (ist zu erahnen) in Karma*leer*heit, die zwar auf *nichts* verweist, aber *alles* erweist; daoistisch ausgedrückt: im Tun ohne (Zu-)Tun (*Wu Wei*). Vgl. B.-C. Han, *Philosophie des Zen-Buddhismus*, Reclam, Stuttgart (2002, Nachdruck 2014); K. Mylius, *Die vier edlen Wahrheiten*, Reclam, Stuttgart (1998, Nachdruck 2015), Einleitung.

Die Person, die wir als das Subjekt, als *Ich* vorstellen, ist dem *Realität*sprinzip verpflichtet und auf Sicherheit bedacht; *auch* auf soziale Absicherung.[87]

Wer psychisch gespalten ist, verkennt die Realität; wer sie verleugnet, wendet sich von ihr ab, ohne ihr zu entsagen.[88]

---

S. Freud meinte, so wie er in *Das Unbehagen in der Kultur* sagte, dass die fernöstliche Lebensweisheit die Triebe zu ertöten lehre; die Yogapraxis dies ausführe, damit jedoch die Tätigkeit aufgegeben, das Leben geopfert würde.

Krischna lehrte dagegen im Lied der Gottheit, dass die Tat notwendig sei, sie *und* ihre Folgen aber als *Wohl*tat *gleichsam* geopfert, d. h. Brahman dargebracht: zugeschrieben werden sollten, um sich vom Karma abzulösen; *Bhagavadgita*, hrsg. von G. v. Glasenapp, aus dem Sanskrit von R. Boxberger, Reclam, Stuttgart (1955, 2008, Nachdruck 2017).

[87] S. Freud hielt im *Abriss* fest, dass *wie* das Es ausschließlich auf Lustgewinn abziele, *so* das Ich von der Rücksicht auf Sicherheit beherrscht sei; an dieser Stelle meinte er, das Ich hätte *sich* die Aufgabe der Selbsterhaltung gestellt, die das Es zu vernachlässigen scheine.

[88] Angesprochen ist hier die sog. *Ich*spaltung. Vgl. S. Freud, *Die Ichspaltung im Abwehrvorgang*, Bd. 17 der GW, (Nachdruck 1955,) S. 57 bis 62.

Im *Abriss* führte S. Freud aus, dass Krankheitszustände des Ichs, in denen es sich dem Es am meisten annähere, durch Aufhebung oder Lockerung der Außenweltbeziehung begründet seien. Das Problem der Psychose wäre einfach und durchsichtig, wenn die Ablösung des Ichs von der Realität restlos durchführbar wäre, doch scheine dies selten oder niemals vorzukommen. Vermutlich komme es so zu einer psychischen Spaltung, dass zwei psychische Einstellungen bestehen: eine, die der Realität Rechnung trage, die normale, und eine andere, die unter Triebeinfluss das Ich von der Realität ablöse. Die beiden bestünden nebeneinander und der Ausgang hänge von ihrer relativen Stärke ab; sei oder werde die letztere die stärkere, so sei damit die Bedingung der Psychose gegeben, kehre sich das Verhältnis um, ergebe sich eine anscheinende Heilung der Wahnkrankheit, die in Wirklichkeit nur ins Unbewusste zurückgetreten sei.

Der Gesichtspunkt, der bei allen Psychosen eine Ichspaltung postuliere, könne nicht soviel Beachtung in Anspruch nehmen, wenn er sich nicht bei anderen Zuständen, die den Neurosen ähnlicher seien und endlich bei diesen selbst als zutreffend erwiese. Freud verwies im *Abriss* an seine Untersuchung zum *Fetischismus* zurück und ging dann näher auf die Verschiebung, wie sie vom Traum her bekannt ist, und auf die Verleugnung der Wahrnehmung ein. In seiner Arbeit: *Der Realitätsverlust bei Neurose und Psychose*, Bd. 13 der GW, S. 363 bis 368, fügte Freud hinzu, dass für Neurose wie Psychose nicht

## 9. Kapitel

### DIE INNENWELT

Die Außenwelt ist *im* Ich durch eine *höhere* Instanz präsent, das *Überich.*[89] Es ist (über-)streng; maßregelt, *kann* aber auch das Selbst*gefühl* heben.[90]

---

nur die Frage des Realitätsverlustes, sondern auch des Realitätsersatzes (in Form einer Phantasiewelt) in Betracht käme.

Die Religion, insofern sie den Wert des Lebens herabdrücke, das Bild der Lebenswirklichkeit entstelle und *einen* Weg zum Erwerb von Glück und zum Schutz vor Leid *allen* in gleicher Weise aufdränge, beziehe nach S. Freud in: *Das Unbehagen in der Kultur* den/die Einzelne/n in einen Massenwahn, der die Einschüchterung der Intelligenz voraussetze. Worum es ihm dabei ging, war wohl die Betonung, dass es *viele* Wege gibt, aber keinen, der alle immer und überall sicher zum Glück führt. Das Erinnert an Lao-tse: Könnten wir den Weg weisen, so wäre es kein ewiger Weg; *Tao-Te-King*, Übers. von G. Debon: *Das Heilige Buch vom Weg und von der Tugend*, Reclam, Stuttgart (1961 und 1979, Nachdruck 2016), Kap. 1.

[89] Wir hätten keinen anderen Weg, von einem komplizierten Nebeneinander Kenntnis zu geben als durch die Beschreibung nacheinander, sagte Freud im *Abriss*; so seien die Darstellungen einseitig vereinfacht und würden darauf warten, ergänzt, überbaut und dabei berichtigt zu werden.

In der Folge sprach er vor allem vom Überich: Um das fünfte Jahr herum habe sich eine wichtige Veränдеurng vollzogen. Ein Stück der Außenwelt sei als Objekt, wenigstens partiell, aufgegeben und dafür (durch Identifizieurng) ins Ich aufgenommen, ein Bestandteil der Innenwelt geworden. Diese neue psychische Instanz werde in ihren richterlichen Funktionen als das *Gewissen* empfunden.

[90] S. Freud bemerkte im *Abriss*, dass das Überich häufig eine Strenge entfalte, zu der die realen Eltern nicht das Vorbild gegeben hätten, abgesehen davon ziehe es nicht nur für Taten, sondern auch für Absichten zur Rechenschaft. Die Qual der Gewissensvorwürfe entspreche der Angst des Kindes vor dem Liebesverlust. Andererseits fühle sich das Ich dann, wenn es der Versuchung widerstanden habe, die dem Überich anstößig wäre, in seinem Selbstgefühl gehoben und in seinem Stolz bestärkt. In solcher Art setze das Überich fort, die Rolle der Außenwelt für das Ich zu spielen. Es vertrete den Einfluss der Kinderzeit des Individuums; einer Kinderzeit, die beim Menschen durch das Zusammenleben in Familien verlängert worden sei. Damit kämen nicht nur persönlichen Eigenschaften der Bezugspersonen zur Geltung, sondern auch alles, was für sie selbst bestimmend gewesen sei. Das Überich nehme eine Mittelstellung zwischen Es und Außenwelt ein, es vereinige in sich Einflüsse

Das *Selbst* ist in der Psycho*synthese* begriffen.[91]

Was sich über die Psyche sagen lässt, das lässt sich *klar* sagen, und wovon wir nicht (mit Sinngehalt) sprechen *können*, darüber müssen wir schweigen.[92]

---

von Gegenwart und Vergangenheit. In der Einsetzung des Überichs erlebe man – so schloss S. Freud den *Abriss* ab – gleichsam ein Beispiel davon, wie Gegenwart in Vergangenheit umgesetzt werde.

Andererseits sprach Freud vom *Agieren*, das mit *Erinnern* gekoppelt sei; die Ausdrücke repräsentieren zwei Möglichkeiten, wie Vergangenheit in der Gegenwart aktualisiert werden kann; ersichtlich z. B. in einem *acting out* aus dem Unbewussten in der Übertragung. Vgl. S. Freud, *Erinnern, Wiederholen und Durcharbeiten*, Bd. 10 der GW, S. 125 bis 136.

(Am Ende sehen wir eine Reihe von *Gedankenstrichen* in Freuds Manuskript.)

[91] Das Selbst ist nicht die Person, nicht nur *eine* Instanz, sondern die alle drei Instanzen einschließende *Persönlichkeit*; das Selbst*bewusstsein* im Wege der Selbst*erkenntnis* ermöglicht dem Ich seine Selbst*verwirklichung* (Entfaltung) und Selbst*regulation* (Autonomie).

[92] Die Psychoanalyse als Lehr*richtung* spricht über die Psyche: das Psychische als Seelenleben, schweigt aber über die *Seele* im religösen, mystischen Sinne. *Unser* Verhältnis zum Tode hat S. Freud z. B. im II. Teil von *Zeitgemäßes über über Krieg und Tod* (kritisch) besprochen.

In seiner *Psychopathologie des Alltagslebens* ging Freud auf Irrtümer, auf den Determinismus sowie auf Zufalls- und Aberglauben ein. Ein großes Stück mythologischer Weltauffassung sei in die Außenwelt projizierte Psychologie; man dürfe sich somit getrauen, *Meta*physik in *Meta*psychologie umzusetzen.

Metapsychologie meint die von S. Freud begründete Psychologie als Theorie der Dynamik, Topik und Ökonomik des Psychischen; als Psychologie, die *hinter* (unter) das Bewusstsein geleitet.

IV. Teil

## DIE ZUKUNFT EINER ILLUSION

Zivilisation er*fordert* (Mit-)Arbeit (Wirtschaft) und gründet auf Trieb*verzicht*.[93]

Kann ein Trieb nicht zivilisiert befriedigt werden, so sprechen wir von Versagung.[94] Die zivilisatorische Einrichtung, die diese Versagung festlegt, nennen wir *Ver*bot.[95]

---

[93] *Die Zukunft einer Illusion* ist S. Freuds Vorausschau der Kulturentwicklung: Fortschritt der Zivilisation, am Beispiel der Religion; Bd. 14 der GW, S. 325 ff. Kultur ist *nicht* selbsttragend, ihr Ertrag ist mit einem Bodensatz ablehnender Gefühle behaftet; *Massenpsychologie und Ich-Analyse*, Bd. 13 GW, S. 110 f. Den *Brief* an A. Einstein schloss Freud mit dem Hinweis darauf ab, dass alles, was die Kulturentwicklung fördere, *auch* gegen den Krieg arbeite. Vgl. I. Kant, *Zum ewigen Frieden*, bei F. Nicolovius, Königsberg (1795).

[94] Als er *Über neurotische Erkrankungstypen* (Bd. 8 der GW, (Nachdruck 1955, S. 321 bis 330) sprach, kennzeichnete S. Freud mit Versagung *jedes* Hindernis für libidinöse Befriedigung, wobei er meinte, dass die Möglichkeit bestünde, um gesund zu bleiben, auf Befriedigung zu verzichten, die aufgestaute Libido *zu* sublimieren und zur Erreichung von *anderen* Zielen zu verwenden.

In den *Vorlesungen zur Einführung in die Psychoanalyse*, Bd. 11 der GW, in 5. Aufl. bei S. Fischer (1969), S. 357, erklärte S. Freud, die Versagung sei höchst selten eine allseitige und absolute; um pathogen wirksam zu werden, müsse sie wohl jene *Weise* der Befriedigung betreffen, nach der die Person allein verlange, deren sie allein fähig sei. Es gebe im Allgemeinen sehr viele Wege, die Entbehrung der libidinösen Befriedigung zu vertragen, *ohne* an ihr zu erkranken.

[95] Das Verbot zeigt an, dass beim Anrecht vom Inbegriff *zwangs*bewehrter Freiheit die Rede ist; Freud illustrierte dies in *Totem und Tabu* auf mythische Weise am Inzestverbot.

Der Buddhismus hält dazu an, die Sittlichkeit durch Entsagung einzuüben; *sich* Gewalt, Aneignung, Ausschweifung, Unredlichkeit und Zügellosigkeit zu verbieten; Zügellosigkeit wird zwar nicht nur, aber *auch* dadurch verworfen, dass von *Rausch*mitteln abgeraten wird, wenn und weil solche *ent*hemmend wirken können. Vgl. die Einführung H. von Glasenapp zu: *Reden des Buddha*, Reclam, Stuttgart (1957, Nachdruck 2015).

Rechtschaffenheit, Wahrhaftigkeit und Vernünftigkeit (gut denken, gut sprechen, gut handeln) erläutern den zoroastrischen Weg zu Ahura Mazda: *wie* zur Weisheit *so* zur Heiligkeit; *als Ethik*. Vgl. M. Strausberg, *Zarathustra und seine Religion*, in 2. Aufl. bei C.H. Beck, München (2011). Mit Bezug zum

Der Zustand, den das Verbot herbeiführt, heißt Entbehrung: Der (Welt-)Ethos aus allgemeingültigen Entbehrungen ist eine archaische Erbschaft.[96]

Im Anfang *ist* die (Wohl-)Tat als (Trieb-)Opfer.[97]

---

Judentum, zum Christentum und zum Islam vgl. H. Pačić, *Die Rechtsethik der Rechtschaffenen: Eine Rechtstheologie auf der Grundlage der Vernunft*, JRP 27 (2019), S. 10 bis 23.

[96] Die Entbehrungen, die alle betreffen, sind nach Freud die ältesten, z. B. die Mordlust. Im II. Teil von *Zeitgemäßes über Krieg und Tod*, wo Freud erklärte, wie drakonisch das Unbewusste verfahre, sagte er auch, das erste Verbot des erwachenden Gewissens laute: Du sollst nicht töten. Das (Straf-)Recht hält vom Unrecht ab, indem es zur *Recht*schaffenheit anhält: es *sichert* allen das Leben *zu*; vgl. H. Pačić, *Europäische Grundrechte* (2020), Art. 2 GRC, S. 19 f.

[97] Am Ende der Ausführungen zu: *Zwangshandlungen und Religionsübungen*, Bd. 7 der GW, im 4. Aufl. bei S. Fischer (1966), S. 129 bis 139 (139), bemerkte S. Freud, dass ein Stück der Triebverdrängung, die für die Kulturentwicklung unentbehrlich sei, von Religionen geleistet werde. Vieles, worauf als *Frevel* verzichtet worden sei, sei ehemals der Gottheit abgetreten oder in ihrem Namen erlaubt gewesen; die Überlassung sei ein Weg gewesen, auf welchem sich der Mensch von der Herrschaft böser, sozialschädlicher Triebe befreit hätte. Es sei kein Zufall, dass alten Göttern *alle* menschlichen Eigenschaften, *auch* Missetaten, zugeschrieben worden seien; *so* sei es kein Widerspruch, dass es *nicht* erlaubt gewesen sei, eigene Frevel durch göttliches Beispiel zu rechtfertigen.

S. Freud meinte, der Gottheit sei die Trieblust zum Opfer dargebracht und so erworbenes Gemeingut für *heilig* erklärt worden; vgl. z. B. *Die „kulturelle" Sexualmoral und die moderne Nervosität*, Bd. 7 der GW, S. 150.

Das Triebopfer erbringt der Mensch nicht aufgrund eines Sozialkontrakts: Kulturarbeit wird dem Kind *auferlegt*, weshalb es nach Freud in der *Zukunft einer Illusion* entscheidend sei, ob und inwieweit es der Gesellschaft gelinge, die Last der Triebopfer zu verringern, ihre Mitglieder mit den verbleibenden zu versöhnen und sie durch Teilhabe an den Kulturgütern zu *entschädigen*. Der Staatswille (volonté générale) ist *nicht* das, was *alle* wollen (volonté de tous); vgl. J. J. Rousseau, *Über den Gesellschaftsvertrag oder Grundzüge des Staatsrechts*, übers. von A. Marx, bei O. Wigand, Leipzig (1834), gleich*wohl* kann er *das* sein, was aller Bevölkerung *Recht* ist, vgl. H. Brockard, Nachwort zu: J.-J. Reoussau, *Vom Gesellschaftsvertrag*, Reclam, Stuttgart (1977, 2011, Nachdruck 2013); H. Kelsen, *Vom Wesen und Wert der Demokratie*, 2. Aufl. (1929), Nachdruck bei Reclam, Stuttgart (2018), mit Nachwort von K. Zeleny.

Zivilisierung spiegelt sich in der Sittlichkeit, die wir zum *Geb*ot verinnerlicht haben (Überich) *und* in der Rechtswirklichkeit.[98]

Soziales *Un*recht ist dem Grunde nach ungleiche, deshalb sozial unverträgliche (unerträgliche) Entbehrung.[99]

Rechtschaffenheit steht in der Zivilgesellschaft neben Kunst und (Sozial-)Ideologie.[100]

---

[98] S. Freud wies in der *Zukunft einer Illusion* darauf hin, dass das Seelenleben eine Entwicklung durchgemacht hätte; einer der Forschritte sei das Überich. Das Maß der Kanonisierung gerechtfertigter Sitten: des Ethos zum Gebot im Gewissen ist bei den einzelnen Triebverboten unterschiedlich, bis zu einem gewissen Grad wird es am Erfordernis *und* am Ausmaß rechtlichen Mahnung und Durchsetzung deutlich.

[99] Bei den Einschränkungen, die sich nur auf bestimmte Teile der Gesellschaft beziehen, treffe man auf grobe und niemals verkannte Verhältnisse, meinte S. Freud in der *Zunft einer Illusion*; es stünde zu erwarten, dass zurückgesetze Bevölkerunggruppen den Bevorzugten ihre Vorrechte neiden und sich gegen Übermaß an Entbehrung auflehnen, insb. bei offenkundiger Unterdrückung.

N. Hoerster ordnete gängige Forderungen nach Gerechtigkeit einer von zwei Kategorien zu: Entweder geht es um etwas, das für das Wohlergehen zahlreicher Bürger/innen von zentraler Bedeutung ist (*Grund*gerechtigkeit), oder es geht um Annäherung/Angleichung von Wohlstand (Lebensqualität) einer Gruppe an den Wohlstand (die Lebensqualität) einer anderen Gruppe der Gesellschaft (*Verteilungs*gerechtigkeit i. S. v. sozialer Gerichtigkeit); *Was ist eine gerechte Gesellschaft? Eine philosophische Grundlegung*, C. H. Beck, München (2013), S. 16.

[100] Das moralische Niveau; so Freud in der *Zukunft einer Illusion*, sei nicht das einzige seelische Gut, das für die Würdigung einer Kultur in Betracht komme. Daneben stünden ihr Besitz an Idealen und an Kunstschöpfungen, d. h. die Befriedigung, die daraus gewonnen werde.

Narzisstische (Ersatz-)Befriedigung aus sozialen Idealen wirkt der Kulturkritik entgegen.[101] Die Kunst ist versöhnlich.[102] Religion ist tröstlich, schtüzt die Zivilgesellschaft zum Ausbau der Staatsgewalt; zum Aufbau von Schutz vor der Naturgewalt, bis zur *Ent*täuschung.[103]

---

[101] Die Befriedigung, die das Ideal den Kulturteilnehmer/inne/n schenke, sei narisstischer Natur; sagte Freud in der *Zukunft einer Illusion*, sie ruhe auf dem Stolz auf eine bereits *erbrachte* Leistung, die nun vom Ideal zur *Fort*führung festgehalten werde. Der Vergleich mit anderen Kulturen führe in Anbetracht von Differenzen zu ihrer Geringschätzung, womöglich sogar zur Verfeindung, doch gehöre narzisstische Befriedigung innerhalb desselben Kulturkreises zu jenen Mächten, die der Kulturfeindlichkeit entgegenwirke. Von anderer Art sei die Befriedigung, die die Kunst Teilhaber/inne/n am Kulturkreis gewähre.

[102] Kunst biete; sagte Freud in der *Zukunft einer Illusion*, Ersatzbefriedigung für die ältesten, tief empfundenen Kulturverzichte und wirke so aussöhnend mit den für sie gebrachten Ofern, ihre Werke würden Identifizierungsgefüle aus Anlass gemeinsam erlebter, hochgeschätzter Empfindungen heben; sie würden u. a. narzisstischer Befriedigung dienen, sofern sie Kulturleistungen glorifizieren oder idealisieren.

Im Anschluss daran leitete S. Freud zu den im weitesten Sinne religiösen Vorstellungen oder Illusionen über, die er als das vielleicht bedeutsamste Stück des psychischen Inventars einer Kultur bezeichnete.

[103] Religionen belehren, trösten und fordern, wobei die affektive Stärke des Erinnerungsbildes an die sog. Elterninstanz und die Fortdauer der kindlichen Schutzbedürftigkeit religiösen Glauben (mit-)tragen; S. Freud, *Neue Folge der Vorlesungen zur Einführung in die Psychoanalyse*, Bd. 15 der GW, in 3. Aufl. bei S. Fischer (1961), S. 174 bis 177.

Für Freud ist Religion ein Versuch, die Sinneswelt, in die wir gestellt seien, im Wege der Wunschwelt zu bewältigen, die wir infolge biologischer sowie psychischer Notwendigkeit in uns entwicklekt hätten; Bd. 15 der GW, S. 181; *Das religiöse Erlebnis*, Bd. 14 der GW, S. 393 bis 396.

Sittliche Forderungen, denen Religionen Nachdruck zu verleihen suchen, sind neutral zu begründen: vernünftig *auszuwerten*; S. Freud, *Neue Folge der Vorlesungen zur Einführung in die Psychologie*, Bd. 15 der GW, S. 181

In der *Zukunft einer Illusion* führte S. Freud das Gedankenexperiment der Aufhebung aller Kultur durch; es bliebe ein *Natur*zustand, nicht als Krieg aller gegen alle, in dem der Mensch dem Menschen ein Wolf sei, wie bei Th. Hobbes, sondern als gefährliche Unsicherheit *in* der Natur; vgl. *Leviathan*, übers. von Mayer, Reclam, Stuttgart (2010). Die Übermacht der Natur sei es; sagte Freud, die nach wir vor den Menschen an seine Hilflosigkeit erinnere,

Ihr Unterbau ist die Anschauung der *Um*welt als *Mit*welt; *so* sind wir der Natur nicht wehrlos, nicht hilflos ausgesetzt.[104]

Hilflosigkeit, Abhängigkeit von Älteren ist dem Menschen von seiner Kindheit her vertraut, al*so* auch ihre *Über*macht.[105] Darauf gründet sich die Vergöttlichung von Naturkräften.[106] Naturregelmäßigkeit baut den Grund ab zur Spiritualität.[107]

---

das sog. Schicksal sei bedrohlich. Kultur (Zivilisation) schütze nur beschränkt, vermittle aber die Vorstellung von Sicherheit; nehme der Welt (dem Leben) den Schrecken, gebe (Schein-)*Antworten*.

[104] S. Freud erblickte in der *Zukunft einer Illusion* den zeitlich ersten Schritt in der Vermenschlichung der Natur, um sich mit ihr vertraut zu machen, sie zu beschwören, zu beschwichtigen oder zu bestechen. Dies sei eine Fortsetzung des infantilen Vorbildes der Abhängigkeit von den Eltern.

[105] Sofern der Mensch die Naturkräfte vermenschlicht, macht er sie nicht *nur* wie seine *Mit*menschen, sondern charakterisiert sie auch als *Über*menschen.

[106] Die Vergöttlichung beruht auf dem *Animismus*, dessen Reste und Spuren aus der Kindheit wir vernehmen: wird der Affekt einer Gefühlsregung durch Verdrängung in Angst verwandelt, so *gibt* es Fälle des Ängstlichen, die sich als widerkehrendes Verdrängtes, somit als *un*heimlich erweisen, gleichgültig ob es vormals beängstigend oder von einem anderen Affekt getragen war. S. Freud befasste sich damit in: *Das Unheimliche*, Bd. 12. der GW, in 3. Aufl. bei S. Fischer (1966), S. 229 bis 268.

Darin wies Freud darauf hin, dass insb. unheimlich erscheine, was mit Tod und Geistern zusammenhänge, denn dem Unbewussten sei die Vorstellung der eigenen Sterblichkeit fremd; dies spiegle sich in religiösen Lehren wider, die von der Unsterblichkeit der Seele oder von einer Auferstehung künden. Im II. Teil von *Zeitgemäßes über Krieg und Tod* wies S. Freud darauf hin, dass wir die Zufälligkeit des Todes (Unfall, Erkrankung, Alter) regelmäßig *betonen*; eine Häufung von Todesfällen mache dem Eindruck des Zufälligen ein Ende.

Im Gefühlskonflikt beim Tod Nahestehender könne niemand den Tod von sich fernhalten und doch könne man sich den eigenen Tod nicht vorstellen; ein Kompromiss bestünde darin, ihn *auch* für sich anzunehmen, aber seine Endgültigkeit zu bestreiten, wobei Veränderungen am Leichnam an eine Trennung von Leib und Seele denken lassen würden, und die Fortdauer der Erinnerung an die Verstorbenen an andere Existenzformen, erst inhaltsleer und schattenhaft, später vielleicht als vollgültiges Leben nach dem Tode oder auch vor der Geburt.

[107] Den Ausführungen S. Freuds in der *Zukunft der Illusion* ist zu entnehmen, dass mit aufkommender Beobachtung von Regel- und Gesetzmäßigkeiten an Naturerscheinungen die Naturkräfte ihre menschlichen Züge verlieren, aber

Naturgesetzlichkeit mahnt zur Gerechtigkeit als Überbau.[108]

Alle Gerechtigkeit ist zur Idee verdichtete Werterfahrung; vor dem Hintergrund der Ambivalenz, mit der das Verhältnis zu Bezugspersonen behaftet ist.[109]

Religiöse Vorstellungen lassen sich in Lehr*sätzen* beschreiben, die sich *nicht* als wahr, gleichwohl als glaubwürdig darstellen; *ohne* nachprüfbar beglaubigt zu sein.[110]

Was nach Maßgabe der Vernunft *un*begreiflich ist, das *kann* nicht *allgemein*verbindlich sein.[111]

---

die menschliche Hilflosigkeit und damit die Sehnsucht nach den Eltern bleibt, *und* die Götterwelt; sie habe die dreifache Aufgabe, die Schrecken der Natur zu bannen, mit der Grausamkeit des Schicksals, insb. dem Tod zu versöhnen und für Leiden und Entbehrungen zu entschädigen, die dem Menschen durch das kulturelle Zusammenleben auferlegt würden.

S. Freud wies sodann auf eine Akzentverschiebung infolge der Erkenntnis von Natur*gesetzen* hin: Nur noch gelegentlich griffen die Götter in die Natur ein, sog. Wunder; mit Blick auf das Schicksal bliebe die unbehagliche Ahnung, dass der Rat- und Hilflosigkeit nicht abzuhelfen sei; der göttliche Ratschluss sei unergründlich, mystisch *oder* auch die Götter hätten ihr Schicksal, sog. Spiritualität. Die *Mystik* umschrieb Freud als dunkle Selbstwahrnehmung des Reiches außerhalb des Ichs, des Es; *Ergebnisse, Ideen, Probleme* (1938), Bd. 17 der GW, (Nachdruck 1955,), S. 152, Aufzeichnung Nr. 22.VIII.

[108] In der *Zukunft einer Illusion* meinte Freud, dass die Moral umso mehr die Domöne des Göttlichen würde, je mehr es sich aus der Natur zurückzöge; göttliche Aufgabe sei es, Mängel und Schäden der Kultur auszugleichen, über die Ausführung der Kulturvorschriften zu wachen, die nun göttlich legitimiert und auf alle Welt ausgedehnt würden: alles Gute fände endlich seinen Lohn, alles Böse seine Strafe, wenn auch nicht im Diesseits, dann doch im Jenseits. In *einem* göttlichen Wesen hätten sich die alle Götter der Vorzeit verdichtet; wo Gott ein Einziger sei, da könne die Beziehung zu ihm die Innigkeit und die Intensität aus der Kindheit wiedergewinnen.

[109] Vgl. S. Freud, *Die Zukunft einer Illusion*, Bd. 14 der GW, S. 341 ff.

[110] Vgl. D. Hume, *Dialoge über natürliche Religion*, übers. und hrsg. von N. Hoerster, Reclam, Stuttgart (1981, Nachdruck 2011).

[111] Vgl. I. Kant, *Die Religion innerhalb der Grenzen der bloßen Vernunft*, hrsg. von R. Malter, Reclam, Stuttgart (1974, Nachdruck 2012).

S. Freud warf in der *Zukuft einer Illusion* die Frage auf, worauf sich der Anspruch religiöser Lehrsätze gründet, geglaubt zu werden, und stellte fest, dass für gewöhnlich drei Antworten darauf zu vernehmen sind: Erstens, weil

Es lässt sich wohl so tun, *als ob* es so wäre, aber nicht auf lange Sicht.[112]

Was *wider* die Vernunft ist, das ist *für* die Inbrunst; es ist kein Bild der Welt, wie wir sie tatsächlich *anschauen*, sondern eine Illusion, die bezeugt, was wir uns insgeheim *wünschen*.[113]

---

die Vorfahren so geglaubt hätten; zweitens, weil von ihnen die Beweise dafür überliefert worden seien; und drittes sei es verboten, nach der Beglaubigung zu fragen. Freud wies darauf hin, dass gerade der letzte Punkt darauf deute, dass die Unsicherheit des Anspruchs sehr wohl bekannt sei; die Auffassungen der Ahnen hätten sich vielfach als irrig herausgestellt, und die Beweise, die überliefert worden seien, befänden sich in unzuverlässigen Schriften, die *da*, wo sie von Belaubigung berichten, selbst unbeglaubigt seien. Es nütze nichts, wenn ihre göttliche Offenbarung behauptet würde, denn dies sei bereits ein Teil der Lehren, die auf ihre Glaubwürdigkeit zu untersuchen seien, und kein Satz könne sich selbst beweisen.

[112] In der *Zukunft einer Illuson* at S. Freud zwei Versuche hervorgehoben, dem Problem der Unvernünftigkeit religiöser Lehren zu entgehen. Der erste sei das *Credo quia absurdum (est)*, wonach sie der Vernunft entzogen seien, man müsse ihre Wahrheit innerlich verspüren, doch sei dieses *Credo* nur als ein Selbst*bekenntnis relevant, aber *ohne* Verbindlichkeit. Zur Unvernunft könne niemand verpflichtet werden.

Den zweiten Versuch verortete Freud unter Berufung auf H. Vaihinger in der Philosphie des: *Als ob*; aus praktischen Gründen müsse man annehmen, dass es sich so verhalte. In der Tat: Wer vernünftig agiert, hat gewisse Zweifel *nicht*, doch ist die Vernunft eine *weltliche* Angelegenheit, *für* die Tat. Darauf rekurrieren alle Gerechtigketstheorien, die auf das *aufgeklärte* Interesse, die *praktische* Vernunft, den Diskurs: Fairness, einen Volksgeist, die Kohärenz, eine *hypothetische* Zustimmung (z. B. im Gesellschaftsvertrag, unter einem Schleier des Nichtwissens usw.), Nützlichkeit oder Neutralität abstellen. Vgl. H. Pačić, *Logik, Ethik, Mystik* (2019), S. 55 f.

Auf die Philosphie des Als Ob hat übrigens auch H. Kelsen zur Begründung der *Grundnorm* Bezug genommen, die dem Recht im Stufenbau die Geltung verleihe; *Reine Rechtslehre*, 2. Aufl. Verlag Österreich, Nachdruck 2000. Die Grundnorm ist die *zweck*mäßige Annahme in der Rechts*dogmatik*, dass man sich so verhalten *solle*, wie es die Verfassung vorschreibt. Vgl. H. Pačić, *Reine Rechtslehre*, NWV, Wien (2016). Zu sog. Metanormen vgl. A. A. Ehrenzweig, *Psychoanalytische Rechtswissenschaft*, Duncker & Humblot, Berlin (1973).

[113] Die Illusion ist vom Irrtum abzugrenzen, sie ist *nicht* nowendig ein Irrtum, nicht unbedingt falsch, d. h. unrealisierbar oder mit der Realität unvereinbar: Glaube ist *dann* Illusion, wenn er sich aus den Wünschen ableitet, d. h. durch

Die Illusion erfolgt unter Verzicht auf ihre Beglaubigung; insofern ein Lehrgebäude illusionär ist: ein Bekenntnis, darf es niemandem abverlangt werden.[114]

Intuition und Meditation geben Aufschlüsse über unser Innenleben, nicht über die Außenwelt.[115]

Demut ist *nicht* hinreichend für Religiosität; was *sie* ausmacht, ist *das*, was Abhilfe gegen dieses Gefühl schafft.[116]

Die Unsittlichkeit hat im Kultus keine mindere Stütze als die Sittlichkeit.[117]

---

Wunscherfüllung motiviert ist; S. Freud, *Die Zukunft einer Illusion*, Bd. 14 der GW, S. 354.

Den philosophisch begründeten Glauben an einen unpersönlichen Gott betrachtete S. Freud als verschwommene Abstraktion, wesenlosen Schatten. Vgl. K. Flasch, *Was ist Gott? Das Buch der 24 Philosophen*, in 3. Aufl. bei C. H. Beck, München (2013).

[114] S. Freud bemerkte in der *Zukunft einer Illusion*, dass es schön wäre, wenn es einen Gott als Weltenschöpfer gäbe und gütige Vorsehung, eine sittliche Weltordnung und ein jenseitiges Leben, doch sei es sehr *auffällig*, dass dies alles *so* sei, wie *wir* es uns wünschten.

Der religiöse Glaube ist nicht vernünftig, allerdings *muss* sein Inhalt nicht *un*vernünftig sein; Glaube als Hoffnung, nicht als Erwartung und Forderung. Vgl. H. Tetens, *Gott denken, Ein Versuch über rationale Theologie*, Reclam, Stuttgart (2015).

[115] Vgl. S. Freud, *Die Zukunft einer Illusion*, Bd. 14 der GW, S. 354.

[116] Das unsagbare Gefühl der Welt als begrenztes Ganzes, ihre Anschauung unter dem Gesichtspunkt der Ewigkeit ist *irreligiös*, solange sich der Mensch mit Demut bescheidet; vgl. H. Pačić, *Ethik als (kritische) Haltung*, juridikum 2017, 304 bis 316.

[117] S. Freud erwähnte dies in der *Zukunft einer Illusion*, wies darauf hin, dass die religiösen Vorschriften wiederholt veräußerlicht, ihre Absichten verkehrt worden seien; die Sünde sei für unerlässlich erklärt worden, um alle Seligkeit der göttlichen Gnade zu genießen. Wenn die Leistung der Religion bzgl. der Beglückung der Menschen, für die Kultureignung und sittliche Beschränkung keinen *Mehr*wert hätten, dann erhebe sich die Frage, ob ihre Notwendigkeit für die Menschheit überschätzt würde.

Wissenschaftlichkeit als *Geistes*haltung ist Menschlichkeit *in* Vernünftigkeit *und* Wahrhaftigkeit.[118]

---

[118] S. Freud sprach in der *Zukunft einer Illusion* vom wissenschaftichen Geist, der eine bestimmte Art erzuge, sich zu den Dingen dieser Welt einzustellen. In seiner *Neuen Folge der Vorlesungen zur Einführung in die Psychoanalyse* sagte er, eine auf Wissenschaft aufgebaute Weltanschauung habe außer der Betonung der realen Außenwelt wesentlich negative Züge, *wie* Bescheidung zur Wahrheit, Ablehnung von Illusionen; Bd. 15 der GW, S. 197.

Die Ehre der Religion ruht nicht auf *ihrer* Wahrheit, sondern in der *historischen* Wahrheit, die sie verdeckt, aber verkündet.[119]

Religion kann *wie* eine Zwangsneurose in der Kindheit sein, die zur Reife der Analyse, Aufklärung bedarf.[120]

---

[119] S. Freud bestritt die materielle Wahrheit der Religion, sah ihre Macht aber in ihrem historischen Wahrheitsgehalt begründet; *Nachschrift 1935*, Bd. 16 der GW, in 2. Aufl. bei S. Fischer (1961), S. 31 bis 34; *Der Mann Moses und die monotheistische Religion*, Allert de Lange, Amsterdam (1939), S. 228.

In *Totem und Tabu* nahm Freud im Anlehnung an C. Darwin an, Gottvater sei als gewalttätiger, verehrter wie gehasster Tyrann einer *Ur*horde dereinst leibhaftig auf Erden gewandelt, bis ihn die Söhne getötet hätten; in Reaktion auf diesen Urvatermord seien erste soziale Bindungen und als nachträglicher Gehorsam Sitten entstanden; *und* der Totemismus. Vgl. S. Freud, *Vorrede zu Probleme der Religionspsychologie* von Dr. Th. Reik, Internat. Psychoanalyt. Verlag, Leipzig/Wien (1919), Bd. 12 der GW, in 3. Aufl. bei S. Fischer (1966), S. 325 bis 329. In seiner Massenpsychologie und Ich-Analyse bezeichnete S. Freud diesen mytischen Urvater als *den Über*menschen, den F. Nietzsche erst von der Zukunft erwartete; Bd. 13 der GW, S. 138.

Im II. Teil von *Zeitgemäßes über Krieg und Tod* führte Freud das dunkle Schuldgefühl der Menschheit, das sich in manchen Religionen zur Annahme einer Urschuld, Erbsünde, verdichtet hätte, auf Bluschuld zurück, mit der sich die *ur*zeitlichen Menschen beladen hätten; die christliche Lehre, der Sohn Gottes habe sterben *müssen*, um die Menschheit von Erbsünde zu befreien, sei wie ein Nachhall der Tötung des Urvaters, dessen Erinnerungsbild später zur Gottheit verklärt worden sei.

In *Der Mann Moses* sprach Freud davon, dass Moses, ein Ägypter, der als Anhänger des Echnaton einen Stamm aus dem Frondienst befreit habe, bei einem Aufstand getötet worden sei; dies habe verdrängte Erinnerungen an den Vatermord der Urhorde geweckt; später sei er mit einem midianitischen Priester eines Vulkangottes identifiziert worden.

Was uns S. Freud da erzählt hat, ist nur als ein *historischer Roman* haltbar, als welcher er von ihm konzipiert war; die mythischen Erzählungen erinnern uns daran, dass Tradition nicht nur ein Fall direkter Kommunikation, sondern *auch* von Übertragung ist, im Sinne unbewusster Prägungen, Resonanzen der Vergangenheit, soweit sie noch *lebhaft nachwirkt*; vgl. J. Assmann in seinem Nachwort zu: S. Freud, *Der Mann Moses und die monotheistische Religion*, Drei Abhandlungen, Reclam, Stuttgart (2020), S. 175 bis 216.

[120] Religiöse Riten weisen Ähnlichkeiten zum neurotischen Zeremoniell auf; die Zwangsneurose erscheint wiederum wie das Zerrbild einer Privatreligion. S. Freud sprach in: *Zwangshandlungen und Religionsausübung*, Bd. 7 der GW, in 4. Aufl. bei S. Fischer (1966), S. 129 bis 139, von einem sog. unbewussten

Der Verstand tritt hinter das Gemüt zurück, doch müssen wir das, was wir erfühlen, kritisch würdigen, wenn und weil wir vernünftig sein *wollen*.[121]

Erziehung zur Realität lässt auf Lebens*fülle* hoffen.[122]

---

Schuldbewusstsein, das seine Quelle in frühzeitigen Seelenvorgängen hätte, jedoch in der bei jedem rezenten Anlass erneuerten *Versuchung* beständige Auffrischung erfahre, auch lasse es eine immer lauernde *Erwartungsangst* (Unheilserwartung) entstehen, die durch den Begriff der *Bestrafung* an die innere Wahrnehmung der Versuchung geknüpft sei; das Zeremoniell beginne als Abwehr- oder Versicherungshandlung, *Schutzmaßregel*.

Verbote würden dabei Zwangshandlungen ersetzen, wie eine Phobie den hysterischen Anfall zu ersparen bestimmt sei. Das Zeremoniell stelle *auch* die Summe der Bedingungen für ein Erlaubt*werden* dar, z. B. im kirchlichen Ehezeremoniell. Zum Charakter der Zwnagsneurose und ähnlicher Affektionen gehöre noch, dass ihre Äußerungen die Bedingungen eines Kompromisses zwischen den streitenden seelischen Mächten erfüllen, sodass sie immer auch etwas von dem brächten, was sie zu verhüten bestimmt seien, wodurch sie verdrängten Trieben, auf die sie zurückgingen, nicht minder dienlich seien als den verdrängenden Instanzen. Der Religionsbildung liege die Unterdrückung, der Verzicht auf Triebregungen zugrunde; es gehe vorwiegend um *ei*gen*süchtige, sozialschädliche* Triebe; ein sexueller Beitrag sei ihnen häufig nicht versagt. Rückfälle in die sog. Sünde brächten die *Buß*handlugen hervor.

Auffällig sei hier wie da die Neigung zur *Verschiebung* vom Eigentlichen, Bedeutsamen auf ein ersetzendes Kleines; ruckartig setze die Rückbesinnung als Bemühen um die Wiederherstellung ursprünglicher Wertverhältnisse ein. An den Kompromisscharakter der Neurose werde man gemahnt, wenn man bedenke, wie häufig Handlungen, die die Religion als Äußerungen der von ihr unterdrückten Triebe verpöne, in ihrem Namen, angeblich zu ihren Gunsten vollführt würden.

[121] Vgl. M. Schulte, *Das Gesetz des Unbewussten im Rechtsdiskurs: Grundlinien einer psychoanalytischen Rechtstheorie nach Freud und Lacan*, Duncker & Humblot, Berlin (2010). S. Freud legte in der *Zukunft einer Illusion* großen Wert auf rein rationale Begründung von Kulturvorschriften, Zurückführung auf soziale Erfordernisse, öffentliches Interesse; ein *freundliches* Verhältnis, das sie nicht starr, unwandelbar erhalte, sondern auf Verbesserung abziele, was nicht nur den Verzicht auf ihre feierliche Verklärung erfordere, sondern eine allgemeine Revision.

[122] Vgl. S. Freud, Bd. 14 der GW, S. 373.

Illusion schadet nicht, solange sie sich nicht aufdrängt, nicht wahnhaft ist und korrigierbar bleibt, sodass die Erfahrung in Zukunft der Erwartung vorgeht.[123]

Wissenschaft hofft auf Weisheit; fürwahr, die Weisheit ruht auf der Vernunft.[124]

[123] Was S. Freud in der *Zukunft einer Illusion* am Beispiel der Religion darlegt, ist nicht auf die Religion beschränkt, wie er am Marxismus in der *Neuen Folge* seiner Vorlesungen erläutert hat; dieser sei ein Stück Wissenschaft gewesen, bevor er Illusionen entwickelt wie alsbald auch Denkverbote auferlegt habe. *Jedes* Denkverbot sei wider die uns verbindende Vernunft, und *dies* sei stets eine gefährliche Entwicklung; Bd. 15 der GW, S. 196.

[124] *Mit* S. Freud lässt sich sagen, dass wir hoffen *dürfen*, dass sich die Vernunft mit der Zeit im Seelenleben durchsetzt: *sie* bürgt für Diskurs *und* für Intuition, für Verstand *und* Gefühl, für Kultur *und* Natur, für Kritik, für den Weltfrieden, *als* Wissenschaftlichkeit *für* Menschlichkeit; vgl. z. B. Bd. 15 der GW, S. 185.